Miodragovic

Hundeausbildung leicht gemacht

Milos Miodragovic

Hunde-ausbildung leicht gemacht

Der sanfte Weg zur Unterordnung

Müller Rüschlikon

Einbandgestaltung: Nicole Lechner

Titelbilder: Ruedi Fischli

Bildnachweis: Ruedi Fischli

ISBN 3-275-01421-8

Sie finden uns im Internet
unter: www.mueller-rueschlikon.ch

2. Auflage 2005

Lektorin: Rosemarie Wild
Innengestaltung: Schwertberger GmbH, Kaisheim
Reproduktion: Schwertberger GmbH, München
Druck und Bindung: Fortuna Print, Bratislava
Printed in Slovakia

Inhaltsverzeichnis

Vorwort und Danksagung

Seit meiner Schulzeit hat sich der Unterrichtsstil stark gewandelt. Auch in der Hundeausbildung hat sich vieles geändert. Nicht zu Unrecht hat ihr über viele Jahrzehnte das Image: »Ledermantel, militärischer Ton und Dressur«, angehaftet. Das ist heute passé. Der Hund wird nicht mehr als Kreatur angesehen, die ihrem Herrn und Meister Kadavergehorsam schuldet und das ist gut so. Hund und Hundeführer sind heute Partner, ein Team – gerade im Sport. Der Hundeführer macht über Motivation, Körpersprache und Kommunikation, und nicht über rohe Gewalt, seinem Hund verständlich, welche Übungen er von ihm verlangt. Heute wissen wir: Der Erfolg hängt in erster Linie vom Verhalten des Menschen ab. In diesem Buch zeige ich Ihnen, wie Sie an sich arbeiten und sich und Ihren Hund in kleinen Schritten zum Erfolg führen können.

Mein wichtigstes Anliegen ist es, die Gliederung der Grundausbildung so zu gestalten, dass jede Überforderung des Teams Hund–Hundeführer vermieden wird. Die Bildserien in diesem Buch werden Ihnen helfen, das Geschriebene besser in die Praxis umzusetzen.

Bitte denken Sie bei der Arbeit mit Ihrem Hund immer daran, dass die Grundausbildung Monate beansprucht. Dieses Buch soll kein Leitfaden für eine Schnellbleiche, sondern Anleitung für eine präzise Ausbildung sein. Präzision muss zuerst vom Hundeführer erarbeitet werden, bevor sie an den Hund weitergegeben und gefestigt wird. Das geht nicht von heute auf morgen. »In der Ausbildung soll man Zeit verlieren, um Zeit zu gewinnen«, das ist das Motto dieses Buches.

Hundesport kann man nicht allein trainieren. Über viele Jahre hatte ich das Glück, mit hervorragenden Kynologinnen und Kynologen zusammenzuarbeiten. Von allen konnte ich durch Beobachten ihrer Arbeit mit den Hunden lernen, vor allem aber durch ihre konstruktive Kritik an meiner Arbeit mit meinen eigenen Hunden. Ich danke allen Kolleginnen und Kollegen, die mich zu Geduld angehalten haben, mir aufgezeigt haben, wann und warum ich einen falschen Weg in der Ausbildung eingeschlagen hatte, und die mich auf neue Ideen gebracht haben.

Hundesport kann man auch nicht betreiben, ohne das Verständnis und die Unterstützung der Familie. Mein größter Dank gilt meiner Frau Sonja. Seit vielen Jahren hat sie alle meine Aktivitäten unterstützt und mitgetragen. Auch dieses Buch konnte nur entstehen, weil sie mich in Momenten der Mutlosigkeit ermuntert hat weiterzumachen und nicht aufzugeben. Sie war all die Jahre, und wird es hoffentlich auch in Zukunft bleiben, meine größte moralische Stütze.
Meiner Tochter Mila danke ich für alle Tipps einer Pädagogin, ihre Beobachtungen und Fragen zur Entwicklung und dem Verhalten meiner Hunde, ebenso für den gelegentlichen Hütedienst.
Mit unserer jüngeren Tochter Nina trainiere ich seit drei Jahren regelmäßig. Seither ist sie meine schärfste konstruktive Kritikerin. Dafür gebührt ihr mein tiefer Dank, ebenso für ihre Unbefangenheit, etwas Neues auszuprobieren und die ganze Trainingsgruppe dafür zu begeistern. Vor allem ihre Beobachtungsgabe und analytische Fähigkeit sind für mich eine große Unterstützung.
Meinem Freund Ruedi Fischli, dem begnadeten Fotografen, danke ich für die Geduld und das Einbringen von Ideen bei den tagelangen Fotositzungen. Das Ergebnis waren zweitausend Bilder, aus denen ich die Auswahl für dieses Buch treffen konnte.
Auch wenn sie nie lesen werden können, gebührt allen meinen Hunden Dank. Ero, Diva, Kojak und Kurt haben mir viel geschenkt, für vieles die Augen geöffnet. Die Bereitschaft von Kojak zur Zusammenarbeit an den langen Fotositzungen war beeindruckend. Dank meinen Hunden bin ich ein anderer Mensch geworden, sicher geduldiger und toleranter.
Hinweis: *Der besseren Verständlichkeit halber sind in diesem Buch alle kynologischen Begriffe aus der Prüfungsordnung kursiv gesetzt. Die verwendeten Begriffe haben im gesamten deutschen Sprachraum die gleiche Bedeutung, auch wenn es sich um spezielle Zitate zum Beispiel aus der Prüfungsordnung der Schweizerischen Kynologischen Gesellschaft (SKG) handelt. Alle kursiv gesetzten Begriffe können Sie im Minilexikon (ab Seite 10) nachschlagen. Der besseren Lesbarkeit zuliebe und der allgemein üblichen Gebrauchsform wegen, werden in diesem Buch personale Begriffe nur in ihrer männlichen Form benutzt. Selbstverständlich ist die weibliche Form damit ebenso gemeint.*

Was ist Unterordnung?

Die Bilder kennen wir alle: Lawinen haben Skifahrer verschüttet, Erdbeben ganze Städte in Schutt gelegt. Die Rettungskolonnen versuchen im verzweifelten Kampf gegen die Uhr Verschüttete zu orten und zu bergen. Trotz aller technischen Fortschritte, sind es die Hundeführer mit ihren Tieren, die an vorderster Front kämpfen, um Leben zu retten. Das kynologische Einmaleins für die Ausbildung im Rettungsbereich holen sich die Hundeführer im Hundesport. In den Vereinen werden sie ausgebildet und legen mit ihren Hunden Prüfungen ab. Je nach Sparte sind die Anforderungen in der internationalen oder in nationalen Prüfungsordnungen festgelegt. An den meisten Prüfungen ist die so genannte *Unterordnung* ein Teil der gesamten Prüfung.

An einer Eiskunstlaufmeisterschaft müssen ein Kür- und ein Pflichtteil gezeigt werden. Die Unterordnung, als Teil einer Hundesportprüfung, ist mit dem Pflichtteil des Schlittschuhläufers gut vergleichbar. Nach den Regeln der Prüfungsordnung muss der Hundeführer seinen Hund bestimmte Bewegungsabläufe, Sprünge oder Stellungen zeigen lassen. Das Team wird für die Darbietung benotet und diese Wertung ist ein Teil der Gesamtnote einer Prüfung.

Das abstoßende Wort »Unterordnung« stammt aus der Steinzeit des Hundesports und ist zum stehenden Begriff geworden. Wurden die Hunde damals tatsächlich untergeordnet, so ist es heute das Ziel, eine harmonische und freudig vorgetragene Unterordnung zu zeigen. Das kann aber nur erreicht werden, wenn die Ausbildung des Hundes über eine gute Beziehung zum Hundeführer, über Motivation und das Verstehenlassen des Hundes läuft. Der Hund soll mit seinem Hundeführer eine Unterordnung zeigen wollen, nicht müssen. Nur so wird der Weg zur Prüfung zum Spaß für den Hund und eine sinnvolle, befriedigende Freizeitbeschäftigung für den Hundeführer.

Minilexikon

In der Unterordnung werden viele Begriffe verwendet, deren jeweilige Bedeutung in der Prüfungsordnung klar definiert ist. Da nicht jeder Leser die Prüfungsordnung parat haben wird, sind hier die wichtigsten Fachwörter und Abkürzungen noch einmal erläutert.

Apportieren: »Der neben dem Hundeführer frei sitzende Hund muss auf dessen Verlangen, in schneller Gangart, auf den mindestens 6 m geradeaus fortgeworfenen Gegenstand zulaufen, diesen sofort aufnehmen, dem Hundeführer in schneller Gangart auf dem kürzesten Weg bringen, sich vor den Hundeführer hinsetzen, den Gegenstand ausgeben und sich nachher wieder an den linken Fuß des Hundeführers setzen. Der Hund darf mit dem Gegenstand nicht spielen, nicht knautschen und ihn nicht fallen lassen. Einmaliges, im Arbeitseifer vorkommendes Nachfassen des Gegenstandes wird nicht bestraft.« (Auszug aus der PO der SKG)

BH I–III: Begleithund, Klasse I bis III: Eine in der Prüfungsordnung der SKG definierte Prüfungsklasse.

Folgen frei: »Der Hund muss seinem Hundeführer in jeder Gangart und Richtung willig und freudig so folgen, dass er sich mit der rechten Schulter dauernd dicht neben seinem Hundeführer auf der Höhe des linken Knies befindet. Beide Arme sind zwanglos zu bewegen.« (Auszug aus der PO der SKG)

Grundstellung: »Bei jedem Anhalten hat sich der Hund, ohne Beeinflussung, sofort parallel zum Hundeführer und nahe dem linken Fuß zu setzen, Schulter auf Kniehöhe des Hundeführers.« (Auszug aus der PO der SKG)

Hochsprung:

- »Der Hochsprung, Klasse Begleithund I: Der Hundeführer stellt sich mit abgeleintem Hund vor der Hürde auf. Die Hürde ist 20 oder 50 cm hoch. Hundeführer und Hund marschieren auf die Hürde zu, der Hund überspringt, ohne zu berühren, das Hindernis, der Hundeführer geht rechts daran vorbei, nimmt den Hund nach dem Hindernis wieder bei Fuß und hält nach etwa 5 m an, Hund in Grundstellung.«

- »Der Hochsprung, alle anderen Klassen: Der Hundeführer stellt sich mit abgeleintem Hund vor der Hürde auf. Die Hürde ist 20 oder 50 cm hoch. Der Hund springt hin und zurück, ohne die Hürde zu berühren. Alsdann hat er sich sofort wieder korrekt am linken Fuß des Hundeführers zu setzen. Der Hundeführer darf seinen Standort nicht verlassen und hat sich absolut ruhig zu verhalten.« (Auszug aus der PO der SKG)

IPO: Internationale Prüfungsordnung.

Kriechen: »Der Hund hat auf einer Geraden von 10 m zu kriechen. Zu Beginn muss er Platz machen. Während des Kriechens sind mehrere Hör- und Sichtzeichen sowie Atempausen erlaubt. Der Hundeführer darf mitkriechen oder nebenher gehen, fehlerhaft ist jedoch jedes Berühren des Hundes. Nach dem Kriechen hat sich der Hund erst auf Kommando des Hundeführers zu setzen.« (Auszug aus der PO der SKG)

Lautgeben: »In Sitzstellung vor dem Hundeführer hat der Hund auf Kommando sofort wenigstens dreimal kräftig Laut zu geben, d. h. der Hund soll bellen.« (Auszug aus der PO der SKG)

Leinenführigkeit: Gleiche Übung wie das *Folgen frei,* nur dass der Hund angeleint vorgeführt wird.

ÖKV: Österreichischer Kynologenverband

Platz, Sitz: siehe »Setzen, Legen«.

PO: Prüfungsordnung

SanHI–III: Sanitätshund, Klasse I bis III. Eine in der Prüfungsordnung der Schweizerischen Kynologischen Gesellschaft definierte Prüfungsklasse.

Setzen, Legen: »Der unangeleinte Hund muss am linken Fuß parallel zum Hundeführer und in Frontstellung sich je einmal legen und setzen. Beim Liegen hat der Hund die Pfoten nach vorne ausgestreckt (Sphinxstellung). Beim Sitzen hat der Hund die Vorderbeine senkrecht zu stellen und darf nicht kippen.« (Auszug aus der PO der SKG)

Sitz aus der Bewegung: »Der unangeleinte Hund muss am linken Fuß parallel zum Hundeführer und in Frontstellung sich je einmal legen und setzen. Anschließend gehen Hund und Hundeführer 5 m geradeaus, wo der Hund auf ein Hörzeichen des Hundeführers sich sofort setzen und ruhig sitzen bleiben muss. Der Hundeführer geht, ohne sich umzudrehen, noch 20 m weiter, bleibt stehen und dreht sich mit einer Kehrtwendung zu seinem Hund um. Auf ein Hörzeichen des Hundeführers hat sich der Hund sofort je einmal korrekt zu legen und zu setzen. Beim Liegen hat der Hund die Pfoten nach vorne ausgestreckt (Sphinxstellung). Beim Sitzen hat der Hund die Vorderbeine senkrecht zu stellen und darf nicht kippen. Auf Abruf muss der Hund sofort und auf kürzestem Weg in rascher Gangart an die linke Seite des Hundeführers in Sitzstellung gehen.« (Auszug aus der PO der SKG)

SKG: Schweizerische Kynologische Gesellschaft

Steh: »Stehen bleiben: Der Hundeführer läuft mit seinem frei Fuß folgenden Hund 5 m geradeaus, lässt den Hund stehen bleiben, während er selbst in gerader Richtung weiterläuft, ohne seine Gangart zu unterbrechen oder sich umzudrehen, dreht sich nach einer Distanz von etwa 20 m um und lässt, in dieser Entfernung stehen bleibend, den Hund sich hinlegen (Sphinxstellung). Nach einer kurzen Pause geht der Hundeführer zu seinem Hund und stellt sich an dessen rechte Seite. Der Hundeführer beendet die Arbeit, indem er den Hund in Sitzstellung nimmt.« (Auszug aus der PO der SKG)

VDH: Verband für das Deutsche Hundewesen e.V.

Voran: »Voran mit Hinlegen: Der Hundeführer marschiert etwa 5 m mit dem unangeleinten Hund korrekt bei Fuß, wonach er diesen auf eine Distanz von etwa 10 m (20 m oder 40 m, je nach Klasse) in gerader Richtung voranschickt. Geringe Abweichungen des Hundes nach rechts oder links sind gestattet. Dort hat sich der Hund rasch hinzulegen und zu verharren, bis er vom Hundeführer abgeholt wird. Der Hundeführer beendet die Arbeit, indem er den Hund in Sitzposition nimmt. Kippen beim Liegen ist nicht fehlerhaft. Der Hund darf sich beim Hinlegen gegen den Hundeführer wenden, seinen Standort aber nicht verlassen.« (Auszug aus der PO der SKG)

Weitsprung: »Der Hundeführer stellt sich mit abgeleintem Hund vor dem Weitsprung auf. Der Hund hat das Hindernis von 50 oder 100 cm Länge frei zu überspringen, ohne dieses zu berühren. Der Hundeführer begleitet den Hund beim Anlaufen. Während der Hund das Hindernis überspringt, läuft der Hundeführer an diesem vorbei. Nach dem Sprung wird der Hund auf Kommando des Hundeführers bei Fuß genommen. Beide marschieren weiter. Nach etwa 5 m hält der Hundeführer an, Hund in Grundstellung.« (Auszug aus der PO der SKG)

Voraussetzungen für den Hundesport

Endlich ist er da, unser kleiner Welpe! Wir haben ihn sorgfältig ausgesucht, haben ihn beim Züchter besucht, beobachtet und schließlich mit nach Hause genommen. Und unweigerlich ist er mit unseren Ambitionen, Erwartungen und unserem Ehrgeiz, es viel besser zu machen als mit dem Vorgänger, konfrontiert.

Wir dürfen unseren jungen Hund nicht seiner Kindheit berauben

Wann beginnen wir mit der Ausbildung? Nicht vor zwölf Monaten, nicht bevor aus dem Welpen ein junger, geschlechtsreifer und psychisch stabiler Hund geworden ist. Ich möchte meinen Freund Jürg Schlittler zitieren: »Du denkst, das *Voran* schenkt er dir! Binde ihn an, zeige das Spielzeug, lege es vorne ab, hole den Hund und schicke ihn ins *Voran*. Er rennt los und du freust dich. Dann begegnet er einem Schmetterling, stutzt, staunt, vergisst deinen Gegenstand und rennt dem Schmetterling nach.«

Lassen Sie Ihren Hund den Schmetterling verfolgen, diese Neugier müssen wir ihm erhalten! Er soll seine Umgebung kennen lernen dürfen, denn er wird täglich Neuem begegnen und Neues erleben. Hoffentlich bringen wir es fertig, ihn zu unterstützen und zu loben. Vergessen wir nie, dass unser kleiner Vierbeiner zweisprachig aufwächst. Die angeborenen Verhaltensmuster bringt er mit. Von den Elterntieren und den Wurfgeschwistern hat er das hündische Einmaleins der Verständigung gelernt. Nach einigen Wochen sieht sich Ihr Hund jedoch vor die Aufgabe gestellt eine Fremdsprache zu lernen. Er muss uns Menschen verstehen lernen und mit unserer Sprache, Gestik und Körperhaltung fertig werden. Wenn wir ehrlich sind, machen wir es dem Kleinen nicht

immer leicht. Wie oft sind wir viel weniger konsequent als das Muttertier und wie häufig drückt unsere Körpersprache etwas anderes aus, als wir meinen? Mit all dem muss sich der Welpe auseinandersetzen und klarkommen.
Auch muss er damit leben lernen, dass uns das ganze Muster der Körpersprache und der Gestik des Muttertieres fehlt. Wir kennen kein Warnen durch leises Knurren und Hochziehen der Lefzen. Diese Zeichen zu verstehen ist ihm angeboren, oder er hat sie vom Muttertier gelernt. In der Fremdsprache aber heißt es auf einmal in bedrohlicher Tonlage »Nein!« oder »Pfui!«. Was das soll, versteht der Kleine nicht. Er hat keine Chance zu reagieren und schon wird er am Genick gepackt und geschüttelt. Denken Sie daran, dass der Hund nur zwischen angenehm und unangenehm unterscheiden kann und sein Verhalten mit Ihren Reaktionen auch entsprechend verknüpft. Wichtig ist auch zu wissen, dass der Hund nie vergisst, und sich sein Verhalten vor allem aus seinem Erfahrungsschatz ableitet.
Ist es für uns nicht eine tolle Aufgabe, dem Welpen unsere Sprache näher zu bringen? Es braucht enormen Aufwand, dem Kleinen das »Nein!« klar, aber schonend, beizubringen, ohne dass wir sofort nach dem Nacken greifen. Er soll die Chance bekommen, zu lernen, was er nicht kennt. Wir wollen, dass er unsere Sprache kennen und zudem unsere Körpersprache verstehen lernt. Also müssen wir ihn sorgsam an das Wort »Nein« heranführen. Den bedrohlichen Ton, unseren Blick, vielleicht den erhobenen Zeigefinger muss er kennen lernen. Wir müssen ihm die Chance geben, reagieren zu können und ihn sofort loben, wenn er sein für uns unerwünschtes Verhalten unterbricht. So kann und wird er lernen und sich freuen, dass er uns immer besser versteht. Schreien und Schütteln am Nacken hingegen bewirkt nur eines: Der Hund zuckt das nächste Mal ängstlich zusammen, wenn er uns »Nein!« brüllen hört, weil er nie die Chance bekommen hat, mit diesem Wort etwas Positives anzufangen.
Oft höre ich den Spruch: »Was Hänschen nicht lernt, lernt Hans nimmermehr«. Haben sich die Anhänger dieser Aussage schon gefragt, was Hänschen – also ein Kind – eigentlich lernen muss? Fremdsprachen? Die Multiplikation? Macht es seine Hausaufgaben? Hat es Sozialverhalten, die Konsequenz der Eltern, einen geregelten Tagesablauf

genossen und die Umwelt kennen gelernt und seine Neugierde befriedigen können? Diese Voraussetzungen beim Menschen sind beim Hund ähnlich. Wir müssen auch unserem Hund eine altersgerechte Betätigung bieten! Er soll in den ersten Lebensmonaten die Umwelt und die Sozialisierung mit Artgenossen und Menschen kennen lernen. Das Auto- und Zugfahren sollen vertraut werden. Ausflüge in die Stadt und Spaziergänge im Wald und auf dem Feld sowie das Kennenlernen von Kühen, Schafen und Pferden sollten ebenso auf dem Programm stehen wie Begegnungen mit Joggern, Bikern und Fußgängern. Nicht nur der Welpe, auch wir als Hundeführer sind dabei gefordert. Wie bringe ich es fertig, mit dem Welpen möglichst uninteressiert erscheinend an Kühen vorbeizugehen? Er soll sie wahrnehmen, er soll wissen, dass sie einfach da sind und den Hundeführer und ihn nicht zu interessieren haben. Da gibt es viel Arbeit für uns, wir müssen unser ganzes Einfühlungsvermögen und unsere Geduld einsetzen, um dem Kleinen beizubringen, was wir wollen.
Wichtig ist, dass wir für unseren Hund in entscheidenden Momenten interessanter sein sollen als die Umgebung. Hier legen wir die Grundlage der Verständigung mit unserem Welpen. Täglich wird es zu neuen Begegnungen und Erfahrungen kommen und unser Welpe wird voll damit beschäftigt sein, diese zu verdauen.

Zusammenfassung

Nachdem man den Welpen beim Züchter abgeholt hat, beginnt ein spannender Zeitabschnitt. Hier werden die Grundlagen für die Sozialisierung des Welpen weitergeführt. Es gilt die verbleibende Zeit der Prägungsphase zu nutzen, um dem Welpen die Umwelt zu zeigen und nahe zu bringen. Gut geführte Welpenspielstunden sollten unbedingt besucht und in dieser Lebensphase dem Welpen alle möglichen Umwelterfahrungen vermittelt werden. Unser Welpe lernt nun und in den nächsten Monaten unsere Sprache und damit die Kommunikation. Hier werden die entscheidenden Werte für die zukünftige Hundesportausbildung gelegt. Unwahrscheinlich viel kommt auf den kleinen Kerl zu, daher sollten wir ihn nicht noch mit zusätzlichen Ausbildungsanleitungen überfordern.

Das erste Lebensjahr des Hundes sinnvoll nutzen

Sprachen lernen macht müde, täglich Neues erleben in der großen, weiten Welt macht schläfrig. Lernen, sich sozial richtig zu verhalten, ist nicht einfach, es braucht Energie und Kraft. Gleichzeitig wachsen Körper und Kräfte und die Pubertät setzt ein. Wo hat da ein sich ständig wiederholendes Training, das außerordentliche Anforderungen an die Konzentration stellt, noch Platz?

Ich bin heute überzeugt, dass wir nichts verpassen, wenn wir unseren Welpen Hund werden lassen, ihn sozialisieren, mit ihm viel erleben und ein tolles Verhältnis aufbauen. Nützen wir doch einfach die Zeit, unseren Hund kennen zu lernen, lassen wir ihm die Zeit, uns kennen zu lernen!

Eines allerdings muss der kleine Kerl vom ersten Tag an lernen: Appell! Wenn wir rufen, hat er zu kommen. Appell ist überlebenswichtig, ohne Appell haben wir keine Chance unseren Welpen vor einer Straße abzurufen oder ihn vor anderen Gefahren zu bewahren. Appell schenkt uns der Welpe, nützen wir es aus! Der Welpe wird sich nie weit von uns entfernen, vor allem in unbekannter Gegend nicht. Er wird sich optisch immer wieder vergewissern, wo wir sind. Das ist die Chance, die es zu nutzen gilt. Sobald er uns anschaut, rufen wir ihn und gehen in die Knie. Man soll den Welpen nie abrufen, wenn er sich intensiv und interessiert mit etwas beschäftigt, sondern nur, wenn wir die Chance haben, dass er uns hören kann. Für jedes Herbeikommen gibt es ein kleines Wurststück und viel verbales Lob. Danach wird er wieder auf Entdeckungsreise in seine Umgebung entlassen.

Nicht regelmäßig zu trainieren, heißt aber nicht, dass wir den Kleinen nicht auf den Trainingsplatz mitnehmen sollen. Er soll ruhig mitkommen, die Atmosphäre schnuppern, sich alles ansehen und Hunde und Menschen kennen lernen. Auch eine gelegentliche Schnupperstunde wird ihm nicht schaden. Unter Schnupperstunden verstehe ich alles, was nichts mit Konzentration zu tun hat. Zum Beispiel eine vielleicht drei Meter lange Spur, oder ein zehn Meter weites Hinausrennen in den Wald – eine einfache Abrufübung eben. Natürlich muss die Anlage optimal sein und der Hundeführer darf auch keine Präzision erwarten.

Egal wie das Ergebnis ausfällt, es soll eine Schnupperstunde bleiben. Keine Wiederholungen, keine Ansprüche an die Konzentration, das legen wir einfach für die nächsten Wochen auf die Seite und vergessen es. Es ist ein Spiel, ein Teil der Sozialisierung, aber sicher keine Ausbildung im Hundesport.
Erst wenn unser junger Hund psychisch und physisch gereift ist und damit überhaupt fähig, die geforderte Konzentration aufzubringen, beginnen wir mit der Arbeit im Hundesport. Bis dahin legen wir lediglich die wichtigsten Grundlagen. Wir ordnen unseren Hund in das neue Rudel Hund–Mensch ein und ordnen ihn nicht einfach nur unter. Wir bringen ihm unsere Sprache bei und geben ihm die Chance uns zu verstehen. So schweißen wir das künftige Team Hund–Hundeführer zusammen. Der Hund wird es uns danken und freudig mit uns kooperieren, wenn er in uns eine Stütze und einen konsequenten Führer findet.

Zusammenfassung
Es gilt, die Zeit bis zur Geschlechtsreife des Hundes zu nutzen, um den Appell aufzubauen und zu festigen. Gelegentliche spielerische Übungen schaden sicher nicht, aber bitte nicht übertreiben! Der Junghund – und der Welpe erst recht – ist von der psychischen Entwicklung her gar nicht in der Lage, längere Anforderungen an die Konzentration zu bewältigen. Wer Geduld aufbringt, verpasst nichts in der Ausbildung. Besser ist es, die Zeit zu nutzen und den Hund liebevoll und konsequent in das Rudel Hundeführer–Hund einzuordnen statt ihn unterzuordnen. Das ist das große Ziel im ersten Lebensjahr unseres Hundes.

Die Auswahl des Vereins, denn Verein ist nicht Verein

Wo in Ihrer Umgebung ein Verein zu finden ist, erfährt man über die jeweiligen Landesorganisationen. In der Schweiz bei der Schweizerischen Kynologischen Gesellschaft (SKG), in Österreich beim Österreichischen Kynologenverband (ÖKV) und in Deutschland beim Verband für das Deutsche Hundewesen e. V. (VDH) oder beim Deutschen Verband der Gebrauchshundesportvereine. Es ist am Hundeführer, für sich und seinen Hund die richtige Umgebung für den Hundesport zu finden. Nehmen Sie sich Zeit, den richtigen Verein zu finden. Ich empfehle jedem, sich verschiedene Vereine anzusehen, dabei den Hund aber nie mitzunehmen. Die Gefahr, dass man aufgefordert wird, den Hund zu holen und sofort mitzumachen, ist zu groß, und schon ist er mitten in der Ausbildung. Besser ist, Übungen besuchen und sie als Zuschauer zu erleben. Dabei sollten Sie sich von Ihrem Gefühl leiten lassen, und auf Ihr Wohlsein achten. Militärische Umgangsformen, grobes Verhalten zu den Hunden und Äußerungen wie: »Jetzt hat mich der Mistkerl wieder hereingelegt!«, zeugen nicht von einem Verständnis für Hundeausbildung. Beobachten Sie die Hunde, wie sie auf den Übungsplatz kommen. Freuen sie sich? Brennt in ihnen das Feuer der Erwartung, mit ihren Hundeführern etwas üben zu dürfen? Oder werden sie auf den Platz geschleppt, schnuppern uninteressiert am Boden und machen einen lustlosen Eindruck? Wie benehmen sich die Teilnehmer? Wird auch gelegentlich gelacht und gescherzt, oder kommt man sich wie auf dem Exerzierplatz vor? Fragen Sie sich ernsthaft, ob Sie auf diesem Übungsplatz mit diesen Teilnehmern Ihre Freizeit verbringen wollen.

Zusammenfassung

Wo ein Hundesportverein zu finden ist, erfährt man am besten bei den jeweiligen Landesorganisationen. Lassen Sie sich Zeit, den passenden Verein zu finden und treffen Sie einen Herzens- und keinen Vernunftentscheid. Sie werden noch viele Stunden dort mit Ihrem Hund verbringen, und die Freizeit verbringt man nicht mit irgendjemandem. Und bis der Hundeführer die ihm zusagende Umgebung für das Training gefunden hat, sollte der Hund brav zu Hause warten.

Die Bedeutung der Übungsgruppe

Das Wichtigste ist, eine gut funktionierende Trainingsgruppe zu haben, in der keine »Lehrer-Schüler-Mentalität« herrscht, sondern in der ebenbürtige Partner miteinander üben. Jede Idee kann gut sein und jede Beobachtung und Kritik ist Gold wert. Jeder Hundeführer soll zu Beginn sagen können, was er geübt hat, was gut gegangen ist und was nicht, was er nun zeigen will. Erst dann holt er den Hund, arbeitet mit ihm, beendet die Übung mit Spielen, legt seinen Hund wieder ab. Und erst dann wird die Übung besprochen. Natürlich ist es wichtig, dass der Übungsleiter kompetent ist, das heißt aber nicht, dass er die Meinung der anderen Gruppenteilnehmer nicht anhören soll. Während der Arbeit ist der Hundeführer auf die ganze Gruppe angewiesen, auf genaues Beobachten seiner Bewegungsabläufe und der Reaktionen seines Hundes. Die ganze Gruppe muss aufmerksam sein, jeder sieht etwas anderes, und von Anfang an sollte an Details gearbeitet werden. Unsere Körpersprache muss in jeder Übung immer die gleiche sein, unsere Gestik soll den Hund nicht blockieren. Daran muss von der ersten Übungsstunde an gearbeitet werden. Für nicht erwünschtes Verhalten des Hundes müssen wir den Fehler bei uns suchen. Vielfach liegt der Grund in unserer Körperhaltung, die einmal so, einmal anders ist. Das versteht der Hund nicht, die Orientierung, die er bei seinem Meuteführer sucht, findet er dann nicht und reagiert verwirrt. Wer kennt es nicht: Eine Rechtswendung klappt wunderbar, in der nächsten verliert der Hund den Anschluss, klappt die Ohren zurück und hastet mit gesenktem Kopf hinter seinem Hundeführer her. Dieser Hundeführer hat nicht gelernt, sich vor, in und nach der Wendung immer gleich zu bewegen. Sein Hund konnte die Wendung nicht voraussehen, deshalb entstand der Fehler.

Die Trainingsgruppe aber, die diese Beobachtung macht, hilft dem Hundeführer auf seinem Weg, eine gute Unterordnung aufzubauen. Haben wir also einen Verein gefunden, in dem diese Ausbildungskriterien beachtet werden und wo wir uns zudem wohlfühlen, können wir mit unserem Hund an den Übungen teilnehmen. Die Grundlagen sind gelegt, das große, tolle Abenteuer der Hundesportausbildung kann beginnen.

Zusammenfassung
Gute Übungsleiter sind wichtig, kritisch beobachtende Gruppen aber viel wichtiger. Wo diskutiert wird und jeder seine Meinung vorbringen darf, da sind Sie richtig!

Eine gute Beziehung zwischen Hund und Hundeführer ist eine unabdingbare Voraussetzung für die Ausbildung im Hundesport.

Die Grundausbildung

Überforderung – der Feind jeder Ausbildung

Überforderung ist der Feind jeder Ausbildung. Sehr oft ist man sich gar nicht bewusst, dass man jemanden überfordert, weil man sich nicht in seine Lage versetzt, wenn man ihm etwas vermitteln will, das für uns selbstverständlich ist.
Die Ausbildung im Hundesport ist sehr komplex. Das Wichtigste ist, den Hundeführer selbst auszubilden, ihn in kleinen, nachvollziehbaren Schritten an das Übungsziel des Tages heranzuführen. Nur so kann er die Freude über das Erreichte an seinen Hund weitergeben und sie können als Team ihre Ausbildung durchlaufen. Aus diesem Grund habe ich versucht, die Ausbildung in einzelne Ebenen einzuteilen.
Die erste Autofahrstunde mit meiner Tochter werde ich nie vergessen. Sie telefonierte freudig, der Lernfahrausweis sei da! Wir könnten heute Abend zum ersten Mal fahren gehen, aber um sieben hätte sie mit Kolleginnen abgemacht. Natürlich konnte ich den Arbeitsort an diesem Abend erst verspätet verlassen, um die Tochter abzuholen und mit ihr ins Industriegebiet zu fahren. Wo ich vorgesehen hatte, die erste Fahrstunde meiner Tochter zu begleiten, war zu unserer Überraschung neu ein Fahrverbot eingerichtet worden. Also wenden, und schon hatte ich den Wagen auf einem Abstellplatz, aber mit eingeschlagenen Vorderrädern, geparkt. Nun folgten ein schneller Fahrerwechsel und einige Übungen an den Pedalen. Dann kam der große Moment, meine Tochter startete den Motor und ich gab die väterlichen Ratschläge: »Etwas mehr Gas, jetzt etwas weniger, langsam die Kupplung loslassen, ja toll, es fährt!« Ja, das Auto fuhr an und steuerte dank den eingeschlagenen Vorderrädern über die Straße auf das gegenüberliegende Bord zu. »Lenken, lenken«, war mein Vorschlag, es passierte aber nichts. Meine Tochter war noch mit der Kupplung beschäftigt. Also

griff ich ins Steuer, leider etwas zu heftig. Ebenso heftig ließ die Fahrerin die Kupplung fahren, der Wagen schoss über die Straße hinaus. »Bremsen!!!« Das hatten wir aber nicht geübt, und schon endete die Fahrt im Acker.
Was hatte ich falsch gemacht? So ziemlich alles, was man falsch machen kann, wenn man jemandem eine komplexe, neue Tätigkeit beibringen will. Unter Zeitdruck konnten wir uns den Grundlagen, dem Bedienen und der Funktion der Pedale, nicht genügend widmen. Meine Übungsanlage, anfahren und gleichzeitig lenken, war zu schwierig. Ich hatte meine Tochter hoffnungslos überfordert. So konnte sie das Übungsziel des Tages nicht erreichen.
Das gleiche Entsetzen wie im Gesicht meiner Tochter während ihrer ersten Fahrt kann ich oft auf Übungsplätzen beobachten. Da lässt man einen Anfänger das erste Mal mit dem Hund auf den Platz kommen. »Setz den Hund neben dich! Nein, links, nicht rechts! Ja, gut. Er soll dich anschauen, ruf ihn an! Nein, nicht aufstehen lassen! Nochmals von vorne! Jawohl, wenn er dich anschaut, marschiere los. Jetzt ist gut! Marschieren, schneller, gut so, und nach rechts! Jetzt anhalten, anhalten! Der Hund auch! Er soll sitzen!! Na ja, das wird schon noch.« Wie bei meiner genial angelegten Autofahrstunde auch, sind hier zwei Lebewesen total überfordert.

Was ist die Voraussetzung für eine Unterordnung?

Eine Unterordnung zu laufen heißt, den Hund in eine Spannung zu bringen und die Spannung über den ganzen Bewegungsablauf zu halten. Das ist nur möglich, wenn die einzelnen Elemente im Zustand der Spannung eingeübt werden. Dabei muss eine logische Reihenfolge eingehalten werden. Zum Beispiel ist es völlig sinnlos, das Durchgehen einer Personengruppe zu üben, wenn weder Hund noch Hundeführer das *Folgen frei* beherrschen. Ebenso ist das Üben des *Folgen frei* sinnlos, solange der Hund die Konzentrationsübung in der *Grundstellung* nicht perfekt beherrscht. Hat der Hund nicht gelernt, die Spannung in

der Konzentrationsübung aufzubauen, wie soll er dann wissen, was er in die Bewegung mitnehmen und was er halten soll?
Aus diesen Überlegungen habe ich eine bestimmte Reihenfolge der Übungen abgeleitet. Es ist wie mit dem Hausbau: Steht das Fundament noch nicht fertig in der Baugrube, wird es niemandem einfallen, das Erdgeschoss zu bauen. Jedes zu bauende Stockwerk bedarf der Betonplatte, auf der man weiterbauen kann und die Betonplatte kann nur auf das abgeschlossene, untere Stockwerk gegossen werden.

Zusammenfassung
Lassen Sie sich gerne überfordern beim Lernen einer neuen Tätigkeit? Nein? Ihr Hund auch nicht! Überforderung ist der Feind jeden Lernens und verhindert eine erfolgreiche Ausbildung. Deshalb habe ich die Grundausbildung so gegliedert, dass der Hund wie auch der Hundeführer in kleinen, aufeinander aufbauenden Schritten die Ausbildung durchlaufen können.

Eine kleine Bestandsaufnahme

Vor Aufnahme des eigentlichen Trainings sollte eine kleine Bestandsaufnahme vorgenommen werden: Dabei soll geprüft werden, wie die Beziehung zwischen Hund und Hundeführer ist. Reagiert der Hund überhaupt, wenn er vom Hundeführer angerufen wird? Wie ist der Appell, kommt der Hund, wenn er gerufen wird?
Ist der Hund vor allem am Geschehen auf dem neuen Platz interessiert, soll man ihm zum Beobachten des Betriebs etwas Zeit lassen. Erst dann soll ihn der Hundeführer holen und versuchen, seine Aufmerksamkeit zu gewinnen.
Ebenfalls gilt es, die Kommunikation des zukünftigen Sportteams zu prüfen. Dazu eignet sich die von Urs Ochsenbein in seinem Buch »ABC für Hundebesitzer« (ebenfalls Müller Rüschlikon Verlag) beschriebene Bleibübung hervorragend. Durch konsequentes Vorgehen des Hundeführers und durch sein klares Kommunizieren, was erwünscht und vor allem was

nicht erwünscht ist, kann diese Übung sofort zum Erfolg führen. Ochsenbein hat die Bleibübung sinngemäß wie folgt beschrieben:

Bleibübung nach Urs Ochsenbein

Der Hund sitzt bei Fuß, also dicht beim und parallel zum linken Fuß des Führers. Dieser ist völlig entspannt. Die Leine hält er mit der rechten Hand und lässt sie durchhängen. Der Führer hält die linke Hand vor den Kopf des Hundes und gibt das Hörzeichen »Bleib!«. Danach nimmt er die Hand wieder zurück. Erst wenn diese Bewegung zu Ende und der Führer entspannt ist, wird zum nächsten Punkt weitergegangen. Ohne weitere Sicht- oder Hörzeichen oder gar Leinenbewegungen tritt der Führer jetzt entschlossen mit zwei, drei Schritten vor den Hund, dem er sich zuwendet, sodass die Leine nicht ganz gestreckt ist. Er wartet entspannt und blickt über den Hund hinweg. Nach einer Wartezeit, die ohne weitere Bewegung oder Aktion des Führers verstreicht und je nach Ausbildungsstand des Hundes ausgedehnt werden kann, hebt der Führer die linke Hand vor den Kopf des Hundes unter: »Bleib!« und senkt sie wiederum. Er wartet einen Augenblick entspannt und tritt dann entschlossen neben den Hund zurück, ohne ein weiteres Hör- oder Sichtzeichen zu geben. Er wartet einen Moment in dieser Endposition und lobt dann kurz den Hund mit »Brav Bleib«. Wenn der Hund während irgendeiner Phase der Übung die Sitzstellung verlässt, ist die Übung unter ruhigem, aber bestimmtem »Nein!« abzubrechen und ganz von vorne zu beginnen.

Diese Übung zeigt sofort auf, auf welchem Kommunikationsstand Hund und Hundeführer sind.
Reagiert der Hundeführer sofort auf das Verlassen der Sitzposition des Hundes und ist der Hund gewöhnt, vom Hundeführer für unerwünschtes Verhalten mahnend angesprochen zu werden, wird die Übung nach wenigen Wiederholungen erfolgreich sein.
Damit steht dem neuen Team der Weg offen für den Einstieg in die erste Ebene.

Was aber, wenn die Bestandsaufnahme nicht befriedigend verläuft? Dann ist es zu früh, mit dem Hundesport zu beginnen. Je nach Vereinsorganisation kann das Team einen Einsteigerkurs, Erziehungskurs oder Ähnliches besuchen. Oder man versorgt den Hundeführer mit wenigen, aber nützlichen Tipps und schickt ihn nach Hause. Die Hausaufgaben könnten z. B. so aussehen: Führe deinen Hund die nächste Zeit nur an der Leine und schweige! Ist der Hund nicht abgelenkt, rufe seinen Namen und gib dein Kommando zum Herbeikommen, z. B.: »Fifi, komm!«. Nimm gleichzeitig ein Futterstück in die Hand. Wendet sich der Hund dir zu, gib ihm das Futter und setze den Weg schweigend fort. Dies ist pro Spaziergang öfters zu wiederholen, aber nur, wenn der Hund nicht am Schnüffeln oder sonst wie abgelenkt ist.
Klappt diese Übung über viele Spaziergänge zuverlässig, kann das Gleiche unangeleint versucht werden. Gleichzeitig soll die Bleibübung mehrmals täglich durchgeführt werden. So wird sich der Erfolg schnell einstellen und auch dieses Team kann an der nächsten Übung den Einstieg in den Hundesport wagen.

Zusammenfassung
Vor Beginn der eigentlichen Ausbildung soll kurz geprüft werden, wie die Bindung des Hundes an den Hundeführer ist und wie die Kommunikation klappt. Der Hund soll dem Hundeführer Aufmerksamkeit schenken, wenn ihn dieser anruft. Der Kommunikationsstand lässt sich anhand der Bleibübung nach Urs Ochsenbein leicht überprüfen.

Die erste Trainingsebene

Übungsziele:

- Der Hundeführer lernt, den Hund mit Gegenständen zu motivieren.
- Der Hundeführer lernt, den Hund mit Futter zu motivieren.
- Der Hund lernt die Spannung in Ruhe.

Auf der ersten Ebene soll sich der Hundeführer die wichtigsten Grundlagen für den Hundesport erarbeiten: die Motivation! Mit Spiel und Futter soll der Hund motiviert werden können, er soll sich freuen, mit seinem Hundeführer etwas zu unternehmen. Damit erarbeitet sich der Hundeführer die Werkzeuge, mit denen er den Hund in Zukunft führen und bestätigen kann.

Unter Spannung in Ruhe verstehe ich, dass man den Hund im Zustand der Spannung einen Moment verharren lassen kann. Er soll fähig sein, sein Triebziel zu fixieren und erst auf das Kommando des Hundeführers hin darauf loszugehen. Er kann losrasen, um spielen oder fressen zu können. Spannung in Ruhe zu erreichen, ist eine Frage der Kommunikation zwischen Hund und Hundeführer. Ohne Spannung in Ruhe artet jedes Spiel in ein wildes, unkontrolliertes »Gehopse« aus. Bringt es ein Hundeführer nicht fertig, dass sein Hund die Spannung in Ruhe hält, fehlen ihm die elementarsten Voraussetzungen für den Hundesport, nämlich Konsequenz, Reaktion und Einfühlungsvermögen.

Motivation mit Gegenständen

Zum Thema Spielen mit dem Hund und zur Motivation mit Gegenständen existieren hervorragende Bücher und viele Kurse sind darüber gehalten worden. Ich möchte hier daher keinen mehrseitigen Exkurs in die theoretischen und praktischen Grundlagen des Spielens geben. Was wir für den Hundesport brauchen, sind schlussendlich Spiele aus dem Kreis des Beutemachens. Die Vorbereitungen für den richtigen Spielaufbau beginnen wir mit dem Welpen. Wir machen es uns zunutze, dass Wurfgeschwister ein unermüdlich scheinendes Bedürfnis zum Balgen haben. Nach der Übernahme des Welpen sind wir gefordert, das Spielen mit dem Welpen fortzuführen. Mit viel Feingefühl und Einfühlungsvermögen übernehmen wir die Rolle der Geschwister und bauen in der ersten Phase das Vertrauen zum Welpen auf. Das Spiel findet zwischen Welpe und Mensch statt und ist manchmal eine schmerzhafte Erfahrung. Hundemilchzähne sind für unsere Haut spitze Waffen, aber da muss man durch. Wer es nicht fertig bringt, mit seinem Welpen zu balgen und sich mit ihm auf dem Boden zu wälzen, verpasst die einmalige Gelegenheit, ein von Vertrauen geprägtes Verhältnis zu seinem Hund aufzubauen.

Das Spiel findet immer zwischen Hundeführer und Hund statt. Für den Hundesport brauchen wir Spiele aus dem Bereich des Beutemachens.

Erst später kann versucht werden, das Spiel mit Beutegegenständen aufzubauen. Grundsätzlich ist der Hund ein Jäger. Alles, was sich von ihm fortbewegt, kann für ihn Beute sein. Es dürfte also kein Problem sein, den Hund zu veranlassen, ein Stofftuch zu verfolgen. Auch sollte ein spielerischer Kampf um die Beute möglich sein. Aber hier ist der Besitzer wieder gefordert, Einfühlungsvermögen und Feingefühl walten zu lassen. Nicht mit jeder Hunderasse kann auf die gleiche Art und Weise gespielt werden; die genetischen Anlagen sind zu verschieden. Der schäferartige Hund interessiert sich für die lebende Beute, er wird ihr nachrennen, sie packen und tot schütteln. Der Retriever wird jede fortgeworfene Beute holen, aufnehmen und dem Hundeführer bringen. Der Rottweiler holt die Beute, geht mit ihr weg, legt sie ab und bewacht sie. Berücksichtigt man diese Unterschiede in der Veranlagung, wird klar, dass das Spiel mit einem Retriever anders aufgebaut werden muss als mit einem Schäferartigen. Man hüte sich vor dem Schema: »So wird gespielt«!

Ich möchte im Zeitalter der allgemeinen Spieleuphorie davor warnen, sich völlig unkritisch jedem Spiel zu widmen. Man sollte Rassen, die sehr beuteorientiert sind, nicht bis zum »Gehtnichtmehr« auf weggeworfene Beute konditionieren. Schnell ist es geschehen, dass das Beuteverhalten nicht nur dem Spielzeug gilt; eventuell wird ein wegrennendes Kind zur Ersatzbeute.

Für spätere Apportierübungen ist es ebenfalls nicht unbedingt förderlich, dem Hund beizubringen, weggeworfenen Holzstöcken hinterher zu rennen, diese zurückzubringen und dem Hundeführer vor die Füße zu werfen. Ebenso kann es kontraproduktiv sein, dem Hund nachzurennen, wenn er mit einem Schuh oder einem anderem Spielzeug wegrennt. Auch werden das Halten des Gegenstandes und das freudige Zurückkommen des Hundes nicht gefördert, indem man dem Hund alles aus dem Fang reißt, was er in unsere Nähe bringt, selbst wenn es für uns noch so unappetitlich ist.

Es gibt sie noch zuhauf, die Beispiele, wie man dem Hund mit bester Absicht lustige Sachen beibringt und nachher abgewöhnen muss. Spielen mit dem Hund ist eine tolle Sache. Spiel fördert die Beziehung und motiviert unseren Partner. Aber das Spiel muss wohl überlegt sein, zielgerichtet angelegt und dosiert durchgeführt werden. Dabei ist der Hun-

Beim Spielen soll der Hundeführer vollen Einsatz zeigen und sich überzeugt und von Herzen dem Spiel mit dem Hund widmen.

deführer nicht die Beutewurfmaschine, sondern das Spiel findet zwischen Hund und Hundeführer statt. Dieser bestimmt die Art und die Regeln, den Anfang und das Ende des Spiels.

Zusammenfassung

Wenn wir den Welpen übernehmen, übernehmen wir auch die Rolle der Geschwister, die Rolle der Spielpartner. Das Spiel soll nur zwischen Mensch und Hund stattfinden. Erst später fügen wir die Spiele aus dem Kreis des Beutemachens bei. Vorsicht: Nicht mit jeder Rasse kann gleich gespielt werden und jedes Spiel ist kritisch zu hinterfragen. Ist der Hund durch Spiel motivierbar, haben wir ein erstes Werkzeug erarbeitet, das wir für die Arbeit im Hundesport brauchen.

Motivation mit Futter

Ich persönlich kann für die einzelnen Elemente in der Unterordnung meinen Hund mit einem Gegenstand nicht gezielt führen. Es gibt viele Hundeführer, die das perfekt beherrschen. Mir liegt es viel mehr, den Hund mit Futter dorthin zu lenken, wo ich ihn haben will. Damit er sich lenken lässt, muss er Spannung auf dieses machen. Er muss nach dem Futter drängen, es erobern wollen. Gottfried Dildei zeigt dies in seinem Video »Schutzhund, Unterordnung, Teil 1« sehr anschaulich. Man bringt den Hund dazu, seinen Hundeführer zu treiben. Man hält dem Hund eine Hand voll Futter vor die Nase und geht mit ganz kleinen Schritten und sehr langsam rückwärts. Der Hund soll mit der Schnauze an die Hand stoßen und drücken, dann erhält er einen Brocken. Je intensiver er anstößt, die Hand und damit den Hundeführer vor sich her treibt, umso häufiger erhält er Futter. Je zurückhaltender der Hund ist, umso weniger Futter gibt es. Der Hund soll also nicht gefüttert werden, er soll vielmehr lernen, dass er durch Treiben das Füttern auslöst.
Die Motivation mit Gegenständen und die mit Futter sind die zwei grundlegenden Elemente, die der Hundeführer auf der ersten Ebene lernt. Ohne Motivation kann es keine Spannung geben, ohne Spannung keinen Hundesport. Aber Präzision und Lernfortschritte im Hundesport kann es auch nicht geben, wenn der Hund übermotiviert ist und damit überdreht. Gottfried Dildei hat den Begriff der qualitativ guten Spannung geprägt, das heißt, der Hund ist motiviert, aber er bleibt – ohne Hektik – klar im Kopf. Ich habe schon mehrfach erlebt, dass Schäferartige innerhalb kurzer Zeit mit Gegenständen total übermotiviert wurden und Retriever mit Wurstbrocken. Diese Hunde sind dann derart übererregt, dass man sie mental nicht mehr erreichen kann. Ihr ganzes Streben gilt dem Gegenstand oder dem Futter, etwas anderes nehmen sie nicht mehr auf. Dann sind wir so weit wie mit einem unmotivierbaren Hund. Den einen kann man für nichts motivieren, den anderen nur für sein Triebziel – aufnahmefähig für irgendwelche Lernschritte sind beide nicht mehr. Diesen Zustand gilt es unbedingt zu vermeiden, sonst verbauen wir uns und unserem Hund einen Weg in die Ausbildung!

Intensiv drängt der Hund nach dem Futter in der Hand des Hundeführers und treibt diesen vor sich her. Langsam und mit kleinen Schritten bewegt sich der Hundeführer rückwärts.

Zusammenfassung
Futter brauche ich, um meinen Hund zielgerichtet zu führen. Mit dem Spiel löse ich ihn aus der Konzentration und entspanne ihn. Futter und Spielzeug sind Werkzeuge, mit denen ich meinem Hund möglichst konfliktfrei die Unterordnung beibringen kann. Beide Werkzeuge sind aber nur dann einsetzbar, wenn sie dem Hund etwas bedeuten. Viele Hunde spielen und fressen gerne, dann hat es der Hundeführer leicht. Im anderen Fall müssen die Werkzeuge erarbeitet werden.

Spannung in Ruhe

Die beste Spannung auf Motivationsgegenstände und Futter nützt dem Hundeführer wenig, wenn sein Hund keine Spannung in Ruhe aufbauen kann. Der Hund soll verharren können, gleich in welcher Stellung. In dieser Ruhephase soll er dann die Spannung aufbauen und auf Kommando auf sein Triebziel losrasen. Ohne diese grundlegende Disziplin wird jede Übungsstunde in ein fröhliches, aber zielloses »Gehopse« ausarten.
Spannung in Ruhe lässt sich nur aufbauen, wenn der Hund motiviert ist. Die Spannung auf ein Triebziel ist die Voraussetzung. Mit Gefühl und Konsequenz soll der Hundeführer den Hund verharren lassen. Ob der Hund sitzt, liegt oder aus dem Spiel heraus in stehender Position zum Verharren gebracht wird, ist absolut egal. Im Anfangsstadium der Ausbildung sollte man den Hund nur kurz verharren lassen. Mit Handzeichen und wiederholter verbaler Aufforderung zum Verharren wird der Hund in seiner Position gehalten. Die ganze Körperhaltung des Hundeführers soll Spannung ausdrücken. Verharrt der Hund, wird er wieder freigegeben und kann auf sein Triebziel losrasen. Ist der Hund in qualitativ guter Spannung und damit für Neues aufnahmefähig, wird er schnell lernen, dass er nach dem Verharren sein Triebziel erreichen kann. Verharren und Spannung machen werden somit zum ersten Lernschritt, der über die Motivation erreicht

Spannung in Ruhe: Aus dem intensiven Spielen …

Der Hundeführer löst das Warten auf, ruft seinen Hund ab. Dieser rast auf den Spielgegenstand los …

Es folgt der Moment der Spa
Der Hund verharrt ruhig, bec
führer. Dieser hält durch sein
lung die Spannung im Hund

… lässt der Hundeführer den Gegenstand ausgeben und den Hund warten.

Ruhe.
er gespannt seinen Hunde-
altung und seine Ausstrah-

… und das Spiel geht weiter.

wird.

Bevor diese drei grundlegenden Ziele: Motivation mit Gegenständen, Treiben nach Futter und Spannung in Ruhe, nicht erreicht sind, hat es gar keinen Sinn, mit irgendwelchen anderen Übungen anzufangen. Es ist meine Absicht, den Hund so weit zu bringen, dass er eine Unterordnung nicht absolvieren muss, sondern dass er sie ausführen will. Und er wird wollen, wenn er mit Futter motiviert wird und weiß, dass am Schluss gespielt wird. Erst mit der Zeit wird beim Hund ein gleitender Übergang zum freudigen Arbeiten mit seinem Hundeführer stattfinden. Aber am Anfang braucht man Futter und Spiel als Werkzeuge, mit denen man den Hund konfliktfrei führen und in einem guten Spannungszustand halten kann. Spannung erzeugen und Spannung auf-

Zusammenfassung

Lassen Sie sich gerne von Ihrem Hund die Futterschüssel vor dem Abstellen aus der Hand schlagen? Wohl kaum! Sie werden den Hund warten lassen, die Schüssel abstellen und erst dann darf er fressen. Ein Hund, der hier folgt, hat Spannung in Ruhe gelernt! Auch lässt man sich nicht gerne die Jackentasche zerreißen, weil der Hund unbändig sein Spielzeug holen will. Man lässt ihn sitzen, holt das Spielzeug hervor und erst dann wird gespielt. So soll es auch im Hundesport sein. Der Hund will an sein Triebziel gelangen. Er ist also motivierbar und somit ist das erste Ziel der Ausbildung erreicht. Der nächste Schritt ist, dass er lernt, dass er das Triebziel erreichen kann – aber nur nach einem Moment des disziplinierten Wartens.

rechterhalten, das sind die Grundlagen jeder Ausbildung.

Die zweite Trainingsebene

Übungsziele:
- Die Grundstellung und die Konzentrationsphase
- Das Vorsitzen
- Das Voran

Das Werkzeug Motivation ist auf der ersten Ebene gelernt worden. Jetzt kann man dazu übergehen, die Spannung in Ruhe und die Motivation zu verbinden und damit die Konzentrationsphase aufzubauen. Hier beginnt die präzise Arbeit in der Unterordnung. Der Hundeführer lernt den Hund in die *Grundstellung* zu bringen. Dort soll dieser verharren und die Spannung aufbauen. Es kann nicht genug betont werden, wie wichtig die korrekte *Grundstellung* ist. Jeder Arbeitsschritt während der Unterordnung beginnt und endet mit der *Grundstellung*, es ist die zentrale Position. Es gilt, sie sauber und geduldig aufzubauen. Schon früh soll der Hund vorsichtig und konfliktfrei an das korrekte *Vorsitzen* gewöhnt werden. Die gelernte Motivation und die Spannung in Ruhe werden dem Team dabei helfen.
Die gleichen Werkzeuge können verwendet werden, um mit dem *Voran* zu beginnen. Der Hund sitzt in der *Grundstellung* und sieht einen Helfer mit dem Triebziel, Futter oder Spielgegenstand, wegrennen. Der Hundeführer hält ihn im Zustand der Spannung zurück und erst auf Kommando geht es los. Nebenbei lernt der Hund, Spannung in schnelle Bewegung umzusetzen und sich vom Hundeführer zu lösen.

Die Grundstellung: Die korrekte *Grundstellung* von vorne. Der Hundeführer steht aufrecht und wendet sich nicht seinem Hund zu. Der Blick ist in die Ferne gerichtet. Die Körperhaltung drückt Spannung und Konzentration aus. Der Hund sitzt links von seinem Hundeführer ohne diesen zu bedrängen. Die Konzentration des Hundes ist auf den Hundeführer gerichtet.

Die korrekte *Grundstellung* von links. Der Hund sitzt mit der Schulter auf Kniehöhe des Hundeführers. Die Läufe des Hundes stehen senkrecht, er stemmt nicht.

Die korrekte *Grundstellung* von hinten. Der Hund sitzt parallel zur Marschrichtung des Hundeführers.

Die Grundstellung und die Konzentrationsphase

Die Grundstellung

»Bei jedem Anhalten hat sich der Hund, ohne Beeinflussung, sofort parallel zum Hundeführer und nahe dem linken Fuß zu setzen, Schulter auf Kniehöhe des Hundeführers.« (Auszug aus der PO der SKG)

Die *Grundstellung* wird sehr häufig unterschätzt und es wird ihr nicht die nötige Beachtung geschenkt. Der Hund wird bei Fuß gesetzt, und los geht es mit irgendeiner Übung! Die *Grundstellung* ist der Anfang und Schluss eines jeden Übungsteils. Deshalb muss sie sehr sorgsam und über eine längere Zeitspanne aufgebaut werden. Nicht die Stellung als solche ist schwierig, sondern dass der Hund lernt, in dieser Stellung die Spannung auf den Hundeführer aufzubauen. An einer Prüfung soll die *Grundstellung* immer wieder der sichere Hafen sein, in dem sich Hund und Hundeführer erneut aufbauen, die Konzentration wieder finden, vorgefallene Fehler vergessen und sich auf den Anfang des nächsten Übungsteils vorbereiten können.

Deshalb verwende ich Wochen darauf, dem Hund Spannung in dieser Stellung beizubringen. Bevor er sich trotz Ablenkung nicht eine halbe Minute auf mich konzentrieren kann, mache ich keinen Schritt. Man halte sich immer vor Augen, dass Unterordnung zu laufen heißt: In der *Grundstellung* Spannung aufbauen und diese in die Bewegung mitnehmen und halten. Denn, was nicht aufgebaut ist, kann nicht gehalten werden.

Die Werkzeuge zum Erreichen des Übungsziels *Grundstellung* und Konzentrationsphase sind erarbeitet worden. Die Arbeit auf der zweiten Ebene kann beginnen. Der Hundeführer lässt seinen Hund verharren, nimmt einen Futterbrocken in die linke Hand, wendet sich dem Hund zu, nimmt Augenkontakt auf und streckt die Hand dem Hund zu.

❶ **Den Hund in die Grundstellung bringen:** Ohne und mit Hund: Der Hundeführer bringt den Hund in Spannung.

❷ Der Hund wird abgerufen und erreicht die ausgestreckte Hand. Jetzt beginnt das auf der ersten Ebene gelernte Treiben.

❸ Die Hand wird waagerecht bis ans Bein weitergezogen, der Hund folgt dem Futter und hält Anschluss an die führende Hand des Hundeführers.

❹ Die Hand wird nach oben geführt, der Kopf des Hundes folgt, die Hinterhand beginnt sich in Sitzposition zu senken.

❺ Der Hund ist in die korrekte *Grundposition* geführt worden, der Hundeführer hat die korrekte Stellung eingenommen. Für den Hund spielte sich der ganze Vorgang konfliktfrei ab, der Hundeführer hat die auf der ersten Ebene erarbeiteten Werkzeuge, Spannung in Ruhe und Treiben, zum Führen des Hundes eingesetzt.

Dabei soll der Hundeführer am Anfang der Übung in der Verlängerung der Körperachse des Hundes stehen. Damit erreicht er, dass der Hund sich in gerader Linie auf die Hand zubewegen kann. Nachdem der Hund die Spannung in Ruhe aufgebaut hat, ruft ihn der Hundeführer ab und wartet, bis der Hund die ausgestreckte Hand erreicht. Hier beginnt das auf der ersten Ebene gelernte Treiben des Hundes. Der Hundeführer nimmt die Bewegung des Hundes ab, indem er die Hand bis an den Oberschenkel und dann nach oben zieht. Der Hund folgt der Hand, bis er die Sitzstellung erreicht hat. Der ganze Vorgang wird von der Trainingsgruppe gut beobachtet und dem Hundeführer dabei geholfen, den richtigen Bewegungsablauf zu finden.

Jeder Hund lässt sich anders führen. Die Hand sollte am Anfang langsam bewegt werden, bis der richtige Bewegungsablauf gefunden ist und somit der Hund problemlos in die korrekte Stellung gebracht wird.

Hat es der Hundeführer endlich geschafft, den Hund sauber in die *Grundstellung* zu manövrieren, beginnt der Aufbau der Spannung. In schneller Reihenfolge wird anfangs das Futter mit der linken Hand aus dem Mund des Hundeführers geholt und dem Hund zugesteckt. Dabei soll der Hund ruhig sitzen. In Erwartung des Futters lernt der Hund, seinen Blick auf das Gesicht des Führers zu richten. Genau hier ist wieder die ganze Trainingsgruppe gefordert. Sie sollte den Hundeführer bei dieser Übung genau beobachten. Wichtig ist, dass:

- der Hundeführer von Anfang an aufrecht und gerade steht und sich nicht dem Hund zuwendet,
- der Hund sich immer an die gleiche Sicht des Hundeführers gewöhnt,
- wenn sich der Hundeführer in der *Grundstellung* dem Hund zu wendet, dieser im *Folgen frei* die Ansicht des Hundeführers suchen und schräg vorlaufen wird,
- man berücksichtigt, dass kleinen Hunden durch vorstehende Gilettaschen, breite Jacken oder Bauchtaschen die Sicht auf den Hundeführer versperrt wird und sie dadurch zum Vorsitzen neigen.

Sehr hilfreich für die korrekte Körperhaltung des Hundeführers sind hohe Spiegel. Alte Schranktüren mit montierten Spiegeln lassen sich

Ist der Hund in der *Grundstellung*, beginnt der Spannungsaufbau. In schneller Folge wird das Futter aus dem Mund genommen und dem Hund mit der Hand an der richtigen Stelle und in der richtigen Höhe in den Fang gegeben. Dadurch wird erreicht, dass der Hund ruhig sitzen bleibt. Füttert man zu weit oben oder zu weit vorne, wird der Hund die ideale Stellung verlassen oder zu hüpfen beginnen.

Kann der Hund die Spannung schon eine Weile ohne ständiges Füttern halten, kann man versuchen, das Futter zu spucken. Mit einem kurzen Drehen des Kopfes wird das Futter gespuckt, der Kopf des Hundeführers wendet sich sofort wieder in die dem Hund bekannte Stellung. Diese Methode hat sich sehr gut bewährt, um die Fixierung des Hundes auf die linke Hand zu vermeiden und dem Hund beizubringen, aufmerksam am Hundeführer hoch zu schauen.

Hat der Hundeführer die korrekte Stellung, bietet er seinem Hund diese Ansicht. An sie soll sich der Hund während des Spannungsaufbaus gewöhnen. Diese Ansicht wird er auch im *Folgen frei* suchen und damit in korrekter Stellung dem Hundeführer folgen.

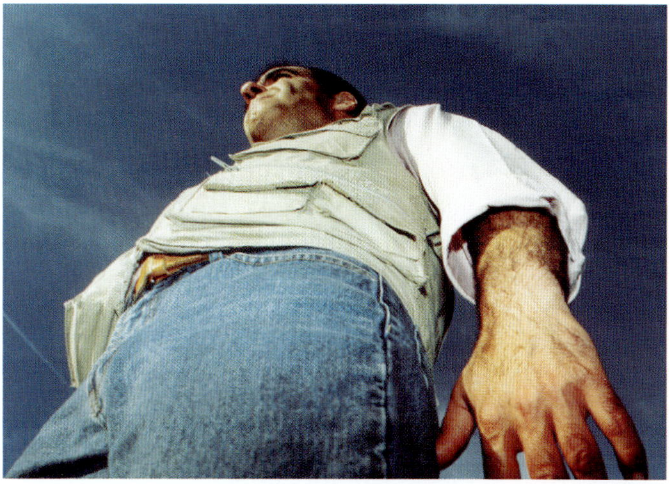

Nur eine kleine Kopfdrehung zum Spucken bietet dem Hund ein ähnliches Bild. Dieses Drehen findet auch nur für einen Moment statt.

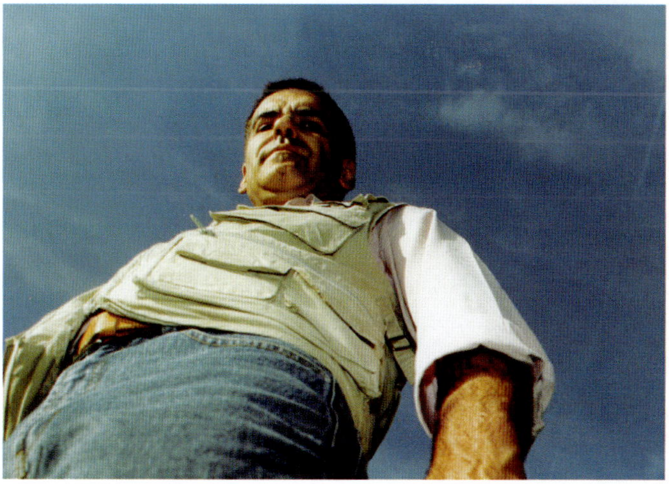

Eine ständige Drehung des Oberkörpers zeigt eine völlig andere Ansicht des Hundeführers. Lernt der Hund seinen Hundeführer während des Spannungsaufbaus so zu betrachten, wird er im *Folge frei* diese Ansicht suchen und sich damit das unerwünschte schräge Vorlaufen angewöhnen.

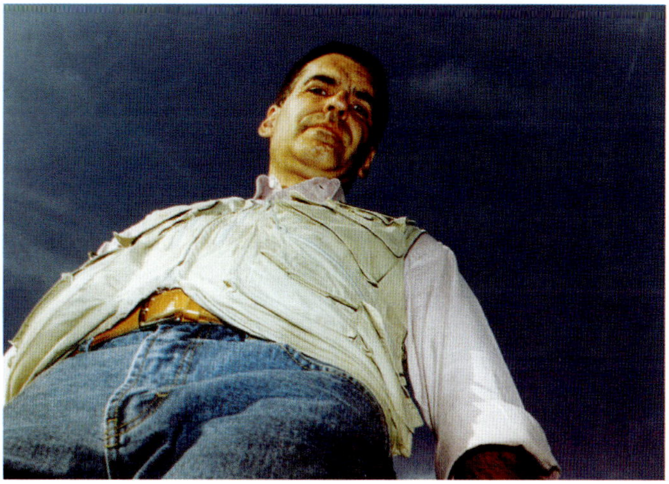

leicht auftreiben. Stellt sich der Hundeführer an der richtigen Stelle vor dem Spiegel auf und ruft seinen Hund ab, kann er den gesamten nun folgenden Bewegungsablauf im Spiegel beobachten, ohne sich dem Hund dabei zuzuwenden. Der Hund wird in die richtige Position gebracht, und der Hundeführer steht von Anfang aufrecht und gerade. Zusätzlich kann der Hundeführer das Geschehen neben sich überblicken, ohne seine Körperhaltung ändern zu müssen.

Wie schon erwähnt, beginnt der Hundeführer nun in schneller Folge das Futter aus seinem Mund zu verabreichen. Geht er später dazu über, das Futter zu spucken, wird gelegentlich ein Wurststück auf den Boden fallen. Ich betrachte das nicht als Tragödie, lasse den Hund die Wurst suchen und manövriere ihn in die Grundstellung zurück. Dass der Futterbrocken auf den Boden fällt, ist insofern nicht tragisch, da ich damit den Hund für den vorangegangenen, kurzen Moment der Spannung belohnt habe. Das Übungsziel ist ja nicht Wurstfangen, sondern Spannung aufzubauen.

Bei sehr untalentierten Fängern reicht man das Futter aber besser mit der Hand. Man vergesse nie, dass noch kein Weltmeister im Futterfangen einfach so geboren wurde! Futterfangen will gelernt sein. Auch hier gilt: Übung macht den Meister. Will man aber das Futterfangen üben, muss es nicht zwingend in der *Grundstellung* geübt werden; es gibt genügend Gelegenheiten im Alltag, eine Futterfanglektion durchzuführen.

Meine Hunde sind begeisterte Früchtefresser. Esse ich Obst, warten sie geduldig, bis ich ihnen ihren Teil des Apfels, der Birne oder einen Apfelsinenschnitz zuwerfe. Nutzen Sie solche wunderbaren Gelegenheiten, Ihrem Hund das Fangen beizubringen. Allerdings benötigt der Hund eine gewisse motorische Reife, um das fallende Futterstück überhaupt fangen zu können. Sobald er den Fang nicht erst aufmacht, wenn der Brocken auf dem Boden liegt, ist die Zeit gekommen, mit dem Futterfangspiel zu beginnen.

Mit der Zeit dehnt man den Abstand zwischen dem Verabreichen der einzelnen Futterbrocken aus, aber nur so lange, wie der Hund die Spannung halten kann. Wenn Sie ihn mit der Hand füttern, sollten Sie dies abwechselnd mit der linken und der rechten Hand tun. So vermeiden Sie, dass sich der Hund auf eine der beiden Hände fixiert.

Noch einige Worte zum Spucken der Futterbrocken:
Ich will erreichen, dass der Hund seine ganze Spannung gezielt auf einen Punkt richtet, am besten auf das Gesicht des Hundeführers. Damit habe ich jederzeit die Möglichkeit Augenkontakt aufzunehmen, wie das später im *Vorsitzen* (S. 51) beschrieben wird. Der Hund sieht an meinem Oberkörper entlang zum Gesicht hoch und registriert somit jede noch so kleine Drehung des Oberkörpers. Dies wird bei den Wendungen im Folgen frei und vielen anderen Übungen von entscheidender Bedeutung sein. Deshalb ist es mir so wichtig, dass mein Hund dem Futterdepot in meinem Mund seine Aufmerksamkeit schenkt. Manchmal holt meine Hand den Futterbrocken, manchmal spucke ich das Futter. Immer aber ist es mein Mund aus dem das Futter kommt.
In dieser Phase lernt der Hundeführer, seinem Hund auch verbal mitzuteilen, was er gut und was er schlecht findet. Macht der Hund zwischen zwei Futterbrocken weiterhin Spannung auf den Hundeführer, muss ihn dieser loben, kurz und in angenehmer Stimmlage. Dann folgt wieder ein Futterbrocken. Schaut der Hund weg, was wir im Spiegel ja beobachten können, sollte dies mit mahnender Stimme unterbunden werden. Schaut der Hund den Hundeführer wieder an, wird er sofort gelobt und mit Futter bestätigt.
Das Erlernen dieser unmittelbaren Kommunikation zwischen Hundeführer und Hund ist für die weitere, erfolgreiche Arbeit im Hundesport von entscheidender Bedeutung. Das Unterbinden von unerwünschten Handlungen des Hundes muss blitzartig, in Bruchteilen von Sekunden erfolgen. Korrigiert sich der Hund, muss dies sofort verbal bestätigt werden. Zeit zum Füttern oder Spielen bleibt noch genügend. Nur wenn wir sofort und verbal reagieren, kann der Hund verstehen, was wir von ihm verlangen und daraus lernen. Der Spiegel wird uns helfen, den entscheidenden Augenblick für die Reaktion abzupassen. Hundeführer sollten sich ruhig Wochen Zeit lassen, diese grundlegende Kommunikation zu lernen und sie ihrem Hund zu vermitteln.
Um die Übung abzuschließen gehe ich so vor: Aus einem Moment der Spannung lobe ich meinen Hund und mache gleichzeitig einen Schritt rückwärts. Das ist für meinen Hund das Zeichen zum Abbruch der Arbeit und zum Beginn des Spiels. Das Wesentliche ist für mich dabei der Schritt rückwärts. Dieser muss in keiner Sparte unserer Prüfungs-

Will man eine Übung aus der Grundposition heraus beenden, hat es sich bewährt, zuerst einen Schritt rückwärts zu machen, sich ausgiebig zu freuen und erst dann den Spielgegenstand herauszuholen und mit dem Hund zu spielen. Das ist der sichere Weg dem Hund deutlich zu machen, dass eine Übung beendet ist und das Spiel beginnen kann.

ordnung gezeigt werden. Wenn ich den Hund lobe und das Spiel mit einem Schritt vorwärts beginne, könnte sich in der Prüfung leicht ein Missverständnis ergeben: Ich will losmarschieren, der Hund findet es aber an der Zeit zu spielen und schon haben wir den »Salat«. Den Hund daran zu gewöhnen, dass die Spielphase mit einem Schritt rückwärts und gleichzeitigem Lob beginnt, ist also eine reine Vorsichtsmaßnahme – man soll das Risiko minimieren, wo es geht!

Wenn die Pausen zwischen den einzelnen Futterstücken schon etwas länger geworden sind, beginnt man vorsichtig, Ablenkungen einzubauen: Der Hundeführer gibt nach einer Pause wieder in kürzeren Abständen Futter, gleichzeitig klatscht jemand in die Hände. Natürlich wird sich der Hund ablenken lassen, es ist aber am Hundeführer, die Aufmerksamkeit seines Hundes wieder auf sich zu lenken und zu halten. Hier leistet der Spiegel wieder hervorragende Dienste, man kann sofort reagieren. Meistens genügt ein kurzes Anrufen des Hundes und an-

schließendes Verabreichen von noch mehr Futter. Nach einigen Versuchen sollte der Hund die Umgebung nicht mehr spannender finden als seinen Hundeführer. Das wäre der zu erwartende Normalfall.
Was aber, wenn es nicht so läuft? Das Wichtigste ist, dass der Hundeführer dann die Nerven nicht verliert und die Übung in der Gruppe analysiert und offen diskutiert wird:

- Hat man zu früh mit der Ablenkung begonnen?
- Ist vielleicht der Hund noch zu jung?
- Lässt sich der Hund schon genügend mit Futter motivieren oder hat man zu schnell etwas von ihm verlangt, das er noch gar nicht leisten kann?
- Stimmt die Rangordnung, ist wirklich der Hundeführer der Chef im Team? Bestimmt tatsächlich er, was läuft?

Hat der Hund die psychische Reife und macht er genügend Spannung auf Futter, schlage ich vor, die Übung ohne Ablenkung weitere zwei, drei Wochen fortzusetzen und erst dann einen neuen Versuch zu starten. Geht das immer noch nicht, legt man lieber eine Pause ein, spielt mit dem Hund und macht ihn noch gieriger auf das Futter.
Bringen es Hund und Hundeführer allerdings gar nicht fertig, die Spannung zu halten, hat es überhaupt keinen Sinn weiterzumachen. Wer den elementaren Spannungsaufbau nicht schafft, sollte einsehen, dass entweder er selber oder sein Hund für den Hundesport nicht geeignet sind. Im Interesse des Hundes und der Beziehung zwischen Hund und Hundeführer würde ich persönlich mit der Unterordnung aufhören. Was man nicht mit Spannung erreichen kann, wird man versucht sein, mit Zwang zu erreichen. Das ist ethisch nicht vertretbar. Man kann es auch sonst ganz toll haben mit seinem Hund. Wenn die elementaren Voraussetzungen fehlen, muss nicht um jeden Preis eine Unterordnung erzwungen werden.
Ich betone noch einmal, dass man sich für diesen grundlegenden Übungsteil unbedingt genug Zeit nehmen muss, denn die Konzentrationsphase muss perfekt klappen. Es ist der Grundstein der ganzen zukünftigen Arbeit in der Unterordnung. Selbstverständlich muss der Hund fähig sein, die Spannung auch unter Ablenkung beizubehalten. Klatschen, sich bewegende Personen, Hunde, die an der Leine vorbeigeführt werden, dürfen ihn nicht ablenken. Seine Konzentration muss ganz dem Hundeführer gelten.

Zusammenfassung
Die *Grundstellung* einnehmen und Konzentration auf den Hundeführer aufbauen ist aller Übungen Anfang. Dazu benutze ich das auf der ersten Ebene erarbeitete Werkzeug der Motivation mit Futter. Die Konzentrationsphase beende ich mit dem anderen Werkzeug, dem Spiel. Da ich die Grundausbildung der Unterordnung in kleinen, aufeinander aufbauenden Schritten durchlaufen will, muss dieser Übungsteil perfekt sitzen, bevor ich mich weiterführenden Ausbildungsschritten widmen kann.

Das Vorsitzen

Zur gleichen Zeit wie mit dem *Voran*, soll man mit dem *Vorsitzen* beginnen. Die Voraussetzungen für den Anfang sind die gleichen: Der Hund muss Spannung in Ruhe machen können. Das Abrufen und Vorsitzen in der *IPO* sowie das *Apportieren* sind wichtige Elemente einer sauber vorgeführten Unterordnung. Das tadellos ausgeführte *Vorsitzen* setzt eine korrekte Technik des Hundes in der Schlussphase voraus. Das andere Problem ist unser Druck auf den Hund im *Vorsitzen*.
Versetzen wir uns in die Lage unseres Vierbeiners. Da sitzt er, und vor ihm steht – und das ganz nahe – sein Meuteführer und starrt ihm wenn möglich noch in die Augen. Diese Stellung kommt dem Hund unangenehm bekannt vor: Da gab es doch immer wieder Schelte oder vielleicht bei anderen Begebenheiten auch mal Züchtigungen. Immer war da der Chef nahe, weit oben und hat gestarrt. Jetzt soll es aber auf einmal eine lustige Übung sein. Der kluge Hund wird solche Situationen mit Vorsicht und Zurückhaltung angehen. Verheerend für das Vorsitzen ist es, den Hund von Anfang an am Halsband zu packen und in die richtige Stellung zu zwingen. Seine Zurückhaltung wird in Meideverhalten umschlagen und dieses wird er kaum je wieder ablegen.
Ich beginne diesen Übungsteil, indem ich dem Hund zeige, dass das Sitzen vor dem Hundeführer eine lustige und in keiner Weise bedrohliche Angelegenheit ist. Also darf ich ihn nicht unter Druck setzen. Dazu knie

Seien wir doch ehrlich, jeder junge Hund kennt diese, nicht ganz konfliktfreie Ansicht seines Hundeführers.

Dies ist die Ansicht, die sich dem Hund im *Vorsitzen* bietet. Sie kommt ihm unangenehm bekannt vor. Den Hund in diese Stellung zu zwingen, wird ihm kaum Freude bereiten. Wir müssen ihm über einen Umweg zeigen, dass diese Ansicht des Hundeführers nicht bedrohlich sein muss.

Um das *Vorsitzen* konfliktfrei anzulernen, begeben wir uns auf die Höhe des Hundes. Ohne sich durch unsere Haltung bedroht zu fühlen, lernt er, dass er in dieser Stellung gefüttert wird. Auch lernt er hier auf behutsame Weise, dass der Hundeführer direkten Augenkontakt aufnimmt.

Ist die Erwartungshaltung auf das Futter groß und macht der Hund freudig mit, versuchen wir, uns langsam zu erheben.

Die Konzentration des Hundes gilt dem Futter; immer noch wird in kurzen Abständen gefüttert. Zeigt der Hund in dieser Phase ein unsicheres Verhalten, so gehen wir wieder einen Schritt zurück. Wir nehmen wieder die sitzende Stellung ein und versuchen erst nach Tagen wieder, uns zu erheben.

Geschafft! Der Hund sitzt konfliktfrei vor. Nun kann der Hundeführer dazu übergehen, das Futter in größeren Abständen zu spucken. Dabei soll er Augenkontakt mit seinem Hund haben, und dieser soll gespannt an ihm hochschauen.

ich nieder und manövriere meinen Hund mit Futter vor mich hin in die Sitzstellung. Dabei lobe und füttere ich ihn, das Belohnungsspiel folgt am Schluss. Sehr schnell wird der Hund freudig mitmachen und ich kann mich etwas erheben, indem ich mich zum Beispiel auf einen Stuhl setze. Auch hier folgt der Aufbau dem Schema Schritt für Schritt. In einer völlig harmlosen Situation lernt der Hund die Stellung kennen und sich dabei wohl fühlen. Setze ich mich auf den Stuhl, bin ich für ihn von der Erscheinung her schon etwas bedrohlicher. Problemlos dem Futter folgend, findet sich der Hund vor einem in seiner Stellung leicht veränderten Hundeführer wieder, und wird sofort wieder gelobt und gefüttert. So kann er das veränderte Bild des Hundeführers konfliktlos verinnerlichen. Nun arbeite ich mich langsam in die Höhe, bis ich in voller Körpergröße vor meinem Tier stehe. Wie selbstverständlich wird er dies akzeptieren, gespannt auf den nächsten Futterbrocken warten und die Spannung auf mich halten. Damit ist die Grundlage für weitere Aufbauschritte gelegt.
Die Endstellung wird vom Hund als angenehm empfunden. Jetzt kann ich anfangen, ihn in diese Endstellung abzurufen und an der Technik des Hereinrutschens in die Endstellung zu arbeiten. Der umgekehrte Weg, ihn also zuerst abzurufen und ihn dann erst ins *Vorsitzen* zu bringen, wird nie funktionieren. Wieso soll der Hund freudig und schnell eine Stellung einnehmen, die er nicht kennt und die er als bedrohlich empfindet?
Rufe ich den Hund zum *Vorsitzen* ab, soll er nicht auf mich zurasen und mich mit der Nase anstupsen, danach stehen bleiben und sich erst dann setzen. Dadurch wird er sicher in zu großem Abstand vor mir sitzen. Ich will dem Hund beibringen, im letzten Moment die Hinterhand zu senken und in die Schlussstellung hineinzurutschen. Am einfachsten lernbar ist dieser Schritt ganz aus der Nähe. Ich lasse den Hund in der Sitzstellung warten, gehe einen Schritt zurück und rufe ihn in das *Vorsitzen* ab. So muss er die Hinterhand nicht ganz hochnehmen, die Vorderläufe gehen nach vorne und hinten findet das erwünschte Nachrutschen statt. Vielleicht kommt er von selbst in das bekannte *Vorsitzen*, vielleicht braucht es noch etwas Hilfe mit der Hand. Kennt der Hund das *Vorsitzen* als angenehm, wird es nicht lange dauern, bis er freudig nachrutscht.

Der Hundeführer lässt seinen Hund warten und entfernt sich einen Schritt. Der Abstand ist von der Größe des Hundes abhängig und der Technik, mit der er ins *Vorsitzen* nachrutscht. Bei manchen Hunden genügt es, sich 20–30 cm nach hinten zu versetzen. Bei anderen Hunden muss, wie auf dem Bild gezeigt, ein deutlicher Abstand eingenommen werden.

Der Hund wird abgerufen. Ohne ganz aufstehen zu müssen, rutscht er nach, der Kopf geht hoch und die Hinterhand wird nachgezogen.

Die Position des *Vorsitzen* wird eingenommen.

Sofort bestätigt der Hundeführer die korrekte Position durch Spucken von Futter.

Phase 1: Der Hundeführer ruft seinen Hund ab.

Phase 2: Der Hundeführer nimmt den Hund ab. Das Treiben des Hundes beginnt, er folgt der Hand mit dem Futter.

Phase 3: Der Hund wird an den Körper geführt.

Phase 4: Erst jetzt beginnt der Hundeführer den Hund hochzuziehen. Das vorher gelernte Hineinrutschen in das *Vorsitzen* beginnt.

Phase 5: Der Hund hat die Vorsitzstellung erreicht. Hier wird er ausgiebig mit Futter bestätigt und die Übung wird mit Spielen beendet.

Der Hundeführer hat sich 20 m und mehr von seinem wartenden Hund entfernt und ruft ihn dann ab. Um die große Distanz zu überwinden, wird der Hund sehr schnell auf den Hundeführer zurasen.

Es ist ganz wichtig, dass der Hundeführer seine Hände weit vorne belässt, den Hund aus der Bewegung abnimmt und ihm die Chance lässt, der Hand zu folgen.

Hat der Hundeführer seinen Hund bis an die Oberschenkel geführt, beginnt er die Hände nach oben zu ziehen. Der Kopf des Hundes geht jetzt hoch, die Hinterhand senkt sich. Man sieht deutlich, wie der Hund den letzten Schritt vor dem Hundeführer mit deutlich erhobenem Kopf einleitet.

Das Hineinrutschen vor den Hundeführer ist geglückt, auch nach dem Zurücklegen einer großen Distanz in hohem Tempo. Voraussetzung ist, dem Hund zu zeigen, dass es die gleiche Technik ist, wie beim schrittweisen Nachrutschen. Das wird nur gelingen, wenn es der Hundeführer schafft, den Hund aus vollem Tempo abzunehmen und genau an den Körper zu führen.

Im nächsten Aufbauschritt vergrößere ich die Distanz auf 20 Meter und mehr, der Hund soll richtig Tempo machen können. Da er gelernt hat, was Spannung in Ruhe ist, wird er freudig auf das Abrufen warten und dann auf mich zurasen.
Entscheidend ist nun, wie ich ihn in die Endstellung führe. Hierbei nehme ich wieder das Futter zu Hilfe. Keinesfalls darf ich einfach das Futter irgendwo am Körper halten; er wird mich unerwünscht anstupsen und nicht in die Stellung hineinrutschen. Ich muss das Futter in der Hand daher so halten, dass ich den Hund vorne und tief abhole (der Hund hält den Kopf tief), dann zu mir her ziehe und erst im letzten Moment die Hand nach oben führe. Meine Hand soll genau auf der richtigen Höhe die Bewegung abbrechen. Ziehe ich zu hoch, wird der Hund an mir hochspringen; halte ich zu tief an, wird es ihn zusammenstauchen.

Nach vielen erfolgreichen Übungen mit allen Hilfen und viel Futter, beginne ich mit dem Abbau der Hilfe. Kommt der Hund angerannt, gehen beide Hände immer später vom Körper zum Hund und bleiben schlussendlich ganz am Körper. Der Abbau der Hilfen ist Gefühlssache, bei dem einem Hund geht es schneller, beim dem anderen muss sich der Hundeführer mehr einfallen lassen. Sitzt der Hund schräg oder zu weit weg, manövriert man ihn in die richtige Stellung. Der Hundeführer lässt dabei die Füße an Ort und Stelle. Was er nie machen soll, ist eine Korrektur, verbunden mit einem Schritt zurück. Die Gefahr ist groß, dass der Hund die Übung dann folgendermaßen versteht: »Ich soll mich mit etwas Abstand vor den Hundeführer setzen, dieser macht dann einen Schritt zurück und ich folge in die korrekte Frontstellung«. So wird unser Hund nie begreifen können, wieso der Chef dabei nie zufrieden ist, denn es wurde doch die ganze Zeit so geübt!
Wenn man damit beginnt, den Hund auf Distanz abzurufen, sollte man sich gleich möglichst weit entfernen. Bis man den angestrebten Ort erreicht hat, vergeht einige Zeit. Vom Hund wird derweil erwartet, dass er mit Spannung in Ruhe verharrt. Wie viel Spannung der Hund tatsächlich aufbaut, kann der Hundeführer nicht sehen, er dreht ihm ja beim Weglaufen den Rücken zu. Beobachtet die Trainingsgruppe, dass der Hund die Spannung abbaut, muss sofort etwas unternommen wer-

den. Der Hund hat ja gelernt, dass es erst wieder spannend wird, wenn sich sein Hundeführer ihm zuwendet. Natürlich baut er die Spannung dann wieder auf, nur ist die Gefahr zu groß, dass er vorher zu viel davon verliert. Man kann dem leicht vorbeugen, indem der Hundeführer den Hund warten lässt und sich wie gewohnt entfernt. Nach wenigen Schritten dreht er sich blitzartig um, holt das Spielzeug aus der Tasche, lobt den Hund und wirft gleichzeitig das Spielzeug hinter den Hund. Dieser darf es holen und mit seinem Hundeführer spielen. Auf diese Weise lernt der Hund, dass beim Weglaufen des Hundeführers etwas Interessantes passieren könnte, und er wird den Hundeführer genau beobachten und die Spannung aufrechterhalten.

Zusammenfassung
Ich zerlege die meisten Übungen in kleine Einzelschritte und übe häufig zuerst die Schlussstellung ein. Die Knacknuss beim *Vorsitzen* ist unser Druck auf den Hund, den diese Stellung bedingt. Es gilt, dem Hund zu vermitteln, dass diese Stellung auch angenehm sein kann. Für das Erreichen dieses Übungsziels der zweiten Ebenen benütze ich die auf der ersten Ebene erarbeiteten Werkzeuge Motivation mit Futter und Spannung in Ruhe.

Das Voran

Folgendes passierte mir vor vielen Jahren bei der Rottweiler-Schweizermeisterschaft. Das Wetter war fürchterlich, es schneite und regnete abwechselnd. Vor allem der Wind setzte uns allen zu. Da stand ich nun auf der Unterordnungswiese und schickte meinen Hund ins *Voran*. Das Einzige, was zu sehen war, waren neben der Wiese an einem Viehzaun angebrachte gelbe Plastikteile. Davon magisch angezogen, verließ mein Hund die Gerade, der er folgen sollte, und schnüffelte sich von Plastikteil zu Plastikteil. Das war der Moment, in dem ich mir geschworen habe, das *Voran* nie mehr mit einem Tellerchen und dem darauf liegenden Futter aufzubauen.

Der Hund sitzt in *Grundstellung*. Eine Helferin zeigt ihm den Futtertopf …

… und rennt mit dem Topf weg.

Der Topf wird immer auf einen Geländewechsel gelegt, hier Wiese/Feldweg.

Der Hund hat sich vom Hundeführer gelöst und rennt dem Triebziel entgegen.

Gleichzeitig mit dem Kommando für das *Voran* wird die Hand nach vorne bewegt, der Hund kann aus der Spannung in Ruhe losrasen.

Der Hundeführer beugt sich zum Hund, hält die Hand nach vorne und auf Augenhöhe des Hundes.

Bei dieser Methode wurde das Tellerchen irgendwo mitten in eine Wiese gesteckt. Der Hund wurde ins *Voran* geschickt und nach wenigen Versuchen lernte er, die Wiese mit den Augen abzusuchen. Es war mir eigentlich schon immer ein Rätsel gewesen, wieso der Hund in die von mir gedachte Richtung rennen sollte.
Erst der Ratschlag eines Kollegen brachte mich weiter. Dieser meinte, ich solle doch den Hund lehren, dass das Triebziel (Futter oder Spielzeug) am Geländeübergang liege. Und damit hatte er Recht. Es ist für den Hund einfach zu lernen, dass er auf dem Gelände, auf dem er startet, keine Bestätigung findet. Erst wenn er den Geländeübergang erreicht, ist etwas zu erwarten. Dabei muss er nicht links und rechts schauen, sondern so schnell wie möglich an den Geländeübergang gelangen. Hunde, die voller Spannung losrasen, rennen meistens auch geradeaus!
Seither lege ich in der Aufbauphase den Futtertopf immer auf die Grenze Wiese-Acker, Wiese-Weg oder ans Ende des Übungsplatzes. Dadurch hat der Hund gar keinen Grund, zögernd von mir wegzurennen und nach links und rechts zu schauen, ob irgendwo irgendwas liegt. Auf das Kommando »Voran« gilt es für ihn den Platz so schnell wie möglich zu überqueren, denn erst am Ende findet er sein Futter.
Sobald der Hund fähig ist, Spannung in Ruhe aufzubauen, kann man mit dem *Voran* beginnen. Man manövriert den Hund in die *Grundstellung* und lässt ihn warten. Ein Trainingskollege rennt mit dem Futtertopf weg und legt ihn am Geländeübergang ab. Mit »Voran« schickt man den Hund aus der *Grundstellung.*
Es empfiehlt sich, für längere Zeit immer am gleichen Ort zu üben. Dadurch wird der Ablauf gefestigt und die Erwartung des Hundes immer größer. Die Distanz kann man nach zwei, drei Übungen auf über 50 Meter steigern; ist der Platz länger, nutzt man die volle Länge aus. Viele Trainingsstunden später kann man den Topf irgendwo anders deponieren, ohne dass der Hund ihn sieht. Es sollte dann aber jemand versteckt bereitstehen, um das Futter wegzunehmen, sollte der Hund wider Erwarten nicht zielstrebig nach vorne rasen.
Erst wenn diese Übung tadellos sitzt, ist das Übungsziel des *Voran* auf dieser zweiten Ebene erreicht.

Zusammenfassung

Das Ziel der zweiten Ebene wird mit den Werkzeugen der ersten Ebene erarbeitet. Motivation mit Futter und Spannung in Ruhe benütze ich, um dem Hund konfliktfrei beizubringen, schnell und in gerader Linie über einen Übungsplatz oder über eine Wiese zu rennen.

Geschafft, das Ziel der zweiten Ebene ist erreicht. Die erfolgreiche Teilnahme an der Schweizer Meisterschaft in Trubschachen 2000 bewies es.

Die dritte Trainingsebene

Übungsziele:
- Einen Schritt nach vorne, anhalten
- Abbau der Motivationshilfen
- Die Wendung an Ort
- Der Hundeführer lernt das Schrittschema für das *Folgen frei*.

Nun ist es an der Zeit, dass der Hund lernt, die Spannung in die Bewegung mitzunehmen. Entscheidend dabei ist, dass seinerseits der Hundeführer lernt, die Motivationshilfen abzubauen, mit denen er den Hund in den ersten Schritt mitnimmt.
Wieso aber soll der Hundeführer nur einen Schritt gehen? Er könnte doch auch mehrere machen, die Konzentration dazu ist doch da? Sie erinnern sich bestimmt, dass wir es uns zur Aufgabe gemacht haben, den Hund nie zu überfordern. Aus Prinzip versuche ich, einem Hund eine Stellung möglichst lange und konfliktfrei beizubringen, wie wir das ja schon bei der *Grundstellung* praktiziert haben. Wenn der Hund das erste Mal mit einem Schritt dem Futter folgen soll, wird ihn das verwirren. Bevor sich die Verwirrung aber in Überforderung auswächst, bringe ich ihn in die vertraute *Grundstellung*. Die kennt er, in ihr fühlt er sich wohl, da ist die Welt in Ordnung. Rücksichtnahme ist der beste Weg, dem Hund etwas beizubringen, denn nur wenn das Team Hundeführer-Hund kleine Schritte macht, wird es in der Unterordnung weiterkommen. Wichtig für das Absolvieren der dritten Trainingsebene ist es allerdings, dass der Hundeführer seinem Hund die Hilfen gibt, die dieser braucht. Deshalb muss der Trockenübung *Folgen frei*, also ohne Hund, die nötige Beachtung geschenkt werden. Hierbei lernt der Hundeführer ein Schrittschema, das es ihm erlaubt, das Angehen, die Wendungen und das Anhalten ohne Hund immer auf die gleiche Art und Weise zu absolvieren. Gelingt ihm das nicht, wird er es mit dem Hund an seiner Seite nie schaffen. Der Hund kann nicht voraussehen, wann eine Wendung kommt, oder wann der Hundeführer anhält. Er findet damit in seinem Rudelführer nicht die Stütze, die er sucht.

Einen Schritt nach vorne, anhalten

Jetzt sind die Übungsziele der zweiten Ebene erreicht. Der Hund kennt die *Grundstellung*. Über Wochen hat er gelernt Spannung auf mich zu machen und lässt sich nicht mehr ablenken. Nun ist es an der Zeit, dass er lernt, die Spannung in die Bewegung mitzunehmen und zu halten. Es wird ihn völlig verwirren, wenn er mir den ersten Schritt folgen soll. Um die Verwirrung nicht in Überforderung ausarten zu lassen, belasse ich es bei einem Schritt. Man darf nie vergessen, dass in der Unterordnung hauptsächlich der Hundeführer ausgebildet wird. Ein Anfänger hat mehr als genug damit zu tun, die Übungsziele einen Schritt nach vorne und den Abbau der Hilfen zu bewältigen. Mehrere Schritte würden ihn auf dem jetzigen Ausbildungsstand total überfordern.

Wie schon oft geübt, stelle ich mich mit dem Hund in der *Grundstellung* vor dem Spiegel auf. In dieser Stellung fühlt sich mein Hund wohl. Er weiß, was er zu tun hat. In der linken Hand halte ich einen Futterbrocken und beobachte meinen Hund im Spiegel. Hält er konzentriert Spannung, gebe ich das Kommando »Fuß!«. Dann gehe ich mit dem rechten Bein einen schnellen, aber kurzen Schritt nach vorne. Gleich zu Beginn der Bewegung halte ich dem Hund die linke Hand vor die Nase und ziehe ihn in die Bewegung mit. Während ich das linke Bein etwas langsamer nachziehe, führe ich die Hand schnell nach oben, der Hund setzt sich wieder in die *Grundstellung*. Es folgt, als wenn nichts geschehen wäre, eine Konzentrationsphase.

Natürlich hatte mein Hund keine Ahnung, was das Kommando »Fuß« bedeuten soll. Mit Hilfe des Werkzeugs Motivation mit Futter war es mir aber möglich, ihn dorthin zu manövrieren, wo ich ihn haben wollte. Er hat die Spannung auf mich in der *Grundstellung* aufgebaut, ist dann dem Futter gefolgt und ehe er sich versah, habe ich ihn wieder in die *Grundstellung* gebracht, die ihm ja schon vertraut ist. So benutze ich eine bekannte Stellung am Anfang und am Schluss der Übung, um ihm etwas Neues beizubringen.

Obwohl wir vor dem Spiegel üben, sind wir in dieser Phase auf die Beobachtungen der Trainingsgruppe angewiesen. Aus der Gruppe sollte einer neben, ein anderer hinter dem Hundeführer stehen. Zieht der Hundeführer die Hand zu weit nach vorne, zu langsam nach oben, sitzt

Der Hund sitzt in der korrekten *Grundstellung* neben dem Hundeführer. Diese ist seit langem eingeübt und der Hund fühlt sich wohl.

Gleichzeitig mit dem Kommando »Fuß!« kommt die Hand des Hundeführers mit einem Futterbrocken vor die Nase. Das Treiben kann beginnen und der Hund wird durch eine ihm unbekannte Übung geführt.

der Hund schräg oder ist der Schritt zu lang, dann muss dies sofort besprochen und korrigiert werden. Der Bewegungsablauf muss von Anfang an präzise und korrekt einstudiert werden.

Bei dieser Übung muss die Schrittlänge kurz sein. Der Hund darf dabei nicht ganz aufstehen. Er soll von *Grundstellung* zu *Grundstellung* nachrutschen. Dieses Hineinrutschen in die Sitzposition wurde beim Vorsitzen schon geübt. Auch hier soll der Hund lernen, in der Endphase des Anhaltens sofort wieder zu sitzen und nicht zuerst anzuhalten und dann erst das Hinterteil zu senken. Macht der Hundeführer nämlich einen zu großen Schritt, muss der Hund aufstehen; bevor er jedoch halbwegs steht, hält der Hundeführer wieder an. Da er die Hand vor der Nase hat, bleibt auch der Hund stehen und sitzt erst dann ab. So wird er nie lernen, blitzartig ins *Sitzen* zu rutschen, sobald der Hundeführer das linke Bein für das Anhalten etwas langsamer anzieht. Der

Der Hund folgt konfliktfrei der Hand und dem sich bewegenden Hundeführer. Dem Futter zu folgen hat er gelernt. Es ist jetzt am Hundeführer, den Hund gezielt dorthin zu führen, wo er ihn haben will.

Sobald der Hundeführer auf dem rechten Bein steht und das linke beginnt nachzuziehen, zieht er die Hand in die Höhe. Der Kopf des Hundes geht in die Höhe, die Hinterhand senkt sich. Er rutscht in die *Grundposition*.

kurze Schritt und das schnelle Hochziehen der linken Hand hingegen lehren den Hund von Anfang an, die Sitzposition schnell einzunehmen. Nach einigen Übungsstunden sollte der Hundeführer den Schritt nach vorne und die Führung des Hundes gelernt haben. Der Hund war vielleicht die ersten paar Male etwas verwirrt, folgte dann aber dem Futter und nahm wieder die Sitzstellung ein. Sein Hundeführer hingegen hatte mehr zu tun: die richtige Schrittlänge beachten, den Hund führen, die Hand schnell nach oben bis zur richtigen Höhe ziehen, den Oberkörper gerade halten, nicht auf den Hund, sondern in den Spiegel schauen, und vieles andere mehr.

Zusammenfassung
Auf der dritten Ebene will ich meinem Hund beibringen, mir einen Schritt weit aus einer *Grundstellung* in die nächste zu folgen. Die *Grundstellung* und die folgende Konzentrationsphase sind auf der zweiten Ebene mit Hilfe der Werkzeuge der ersten Ebene erarbeitet worden. Damit mir mein Hund konfliktfrei einen Schritt folgt und wieder die Grundstellung einnimmt, nutze ich erneut das Werkzeug Motivation mit Futter. Mit Futter führe ich meinen Hund und vermittle ihm einen neuen Lernschritt. Etwas Neues wird ohne Überforderung zwischen zwei bekannte Stellungen eingeschoben. Hier wird die Grundlage gelegt für das *Folgen frei*, das auf der nächsten, der vierten Ebene geübt wird.

Abbau der Motivationshilfen

Da die Prüfungsordnung verlangt, dass der Hund die Unterordnung ohne Hilfen des Hundeführers zeigt, folgt nun der entscheidende Teil der ganzen Übung, nämlich der Abbau der Hilfen mit der linken Hand. Jeder Hund wird sich an der linken Hand, die das Futter hält, orientieren, kein Hundeführer kommt also um den Abbau dieser Hilfe herum. Ich bin der Meinung, dass man nicht nach ein, zwei Trainingseinheiten schon damit beginnen sollte, nach dem Motto: »Je früher, umso geringer ist der Aufwand!«. Diese Auffassung ist meines Erachtens falsch. Der Hund sollte Zeit haben, sich mit voller Hilfe an die Anforderungen des neuen Lernschrittes zu gewöhnen. Hund und Hundeführer sollen Gelegenheit haben, den Bewegungsablauf kennen zu lernen. Mit dem Abbau folgt zwangsläufig eine konfliktgeladene Phase; eine Phase, in welcher der Hundeführer auf das Äußerste gefordert wird. Man kann diesen Schritt nicht umgehen, aber wir sind es dem Hund schuldig, ihm zuerst ein solides Fundament zu geben. Erst dann kann er verarbeiten, dass die Hilfen abgebaut werden. Im anderen Fall wartet unser Feind, die Überforderung, nur darauf, den Niedergang der Ausbildung einzuläuten.

Wenn ich mit dem Abbau beginne, leite ich nach dem Kommando »Fuß!« den Bewegungsablauf ein: Ich bewege das rechte Bein vor, führe aber die linke Hand nicht sofort vor die Nase des Hundes. Habe ich Glück, folgt der Hund meiner Bewegung. Sowie er nachzurutschen beginnt, lobe ich ihn, ziehe erst dann blitzartig die Hand nach vorne und beende die Übung, indem ich den Hund in die *Grundstellung* bringe. Habe ich Pech, bleibt der Hund sitzen und wartet auf meine linke Hand.

Nun beginnt das große Spiel: Wie bringe ich meinen Hund dazu, meiner Körperbewegung zu folgen?

Der Schritt nach vorne mit voller Hilfe verlief bisher nach dem Kochbuchrezept: »Man nehme einen Hund, der sich mit Futter motivieren lässt und die *Grundstellung* kennt, bringe dem Hundeführer den richtigen Bewegungsablauf bei, und der Hund folgt dem Futter von *Grundstellung* zu *Grundstellung*!«.

Für den folgenden Hilfeabbau gibt es aber kein Kochbuchrezept. Der Hundeführer muss lernen, je nach Situation zu reagieren und das ganze Repertoire der Kommunikation auszuschöpfen. Leitet er die Bewegung ein, und bewegt sich der Hund nur minimal, muss er ihn sofort loben und ihm damit zu verstehen geben, dass er genau das vom Hund will. Gleichzeitig kommt die linke Hand und zieht den Hund in die *Grundstellung*. Wann und wie viel Lob, und in welchem Moment die Hand kommt, muss der Hundeführer in Bruchteilen von Sekunden entscheiden. Kein Übungsleiter, niemand kann ihm sagen: »Jetzt muss du dies oder das machen«. Die Trainingsgruppe kann beobachten, man kann

Der kleine Unterschied: Die obere Bildreihe zeigt die Übung »Einen Schritt nach vorne« mit wenig, die untere ohne Hilfen.

Der Kopf des Hundes geht in die Höhe, die Hinterhand senkt sich.

Die wohl vertraute *Grundstellung* ist wieder erreicht.

Der Hund rutscht ohne Hilfe in die *Grundposition*. Der Hilfeabbau ist geschafft!

Der Hund sitzt in korrekter *Grundstellung*. Man darf nie vergessen, auch diese zu bestätigen. Vor allem zu Beginn dieser Übung ist es sehr wichtig, wieder eine Konzentrationsphase einzuschalten.

Die linke Hand geht vor die Schnauze und damit beginnt die Hilfe für das Einnehmen der korrekten *Grundstellung*.

Ohne die Hilfe mit der Hand folgt der Hund dem Hundeführer.

Abbau der Motivationshilfen: Der Hund sitzt in korrekter *Grundstellung*.

Ohne Hilfe mit der Hand zu geben, beginnt der Hundeführer das Anhalten einzuleiten. Das linke Bein wird etwas langsamer angezogen, der linke Arm geht zurück.

Ohne die Hilfe mit der Hand folgt der Hund dem Hundeführer.

Der Hund sitzt in korrekter *Grundstellung*.

Fehler besprechen, man kann die Übung wiederholen, aber im alles entscheidenden Moment ist jeder Hundeführer auf sich selbst gestellt.
Bei der Ausbildung von Anfängern habe ich immer wieder beobachtet, dass sich in diesem Moment zeigt, welcher Hundeführer es im ersten Lebensjahr seines Hundes geschafft hat, mit ihm eine Verständigungsbasis herzustellen. Bringt es ein Hundeführer fertig, einem Hund in seinem ersten Lebensjahr zu vermitteln, was er von ihm will und was nicht, wird er den Hilfeabbau problemlos schaffen. Dieser Hundeführer hat gelernt, schnell zu reagieren, unerwünschte Handlungen verbal zu unterbinden, erwünschtes Verhalten sofort zu bestätigen. Die Kommunikation wurde schon früh eingespielt, jetzt kann er die Früchte im Hundesport ernten.
Es lohnt sich, einige Schritte mit voller, dann einige mit etwas reduzierter Hilfe zu gehen. Sieht man, dass der Hund zu begreifen beginnt, was von ihm verlangt wird, baut man die Hilfe immer mehr ab, das verbale Lob kann ausbleiben. Geht es an einem Trainingstag plötzlich schlechter, gibt man sofort wieder mehr Hilfen, lobt und hilft seinem Hund über das Problem hinweg.
Früher oder später, mit viel Geduld, sollte es jedes Team schaffen, dass der Hund den Bewegungen des Hundeführers folgt und dann selbstständig wieder in die *Grundposition* rutscht. Es erfordert viel Arbeit, aber hierbei lernt der Hundeführer etwas Entscheidendes für den Hundesport: den Abbau der Motivationshilfen. Die ganze Ausbildung über wird er diesem Problem begegnen. Er bringt seinem Hund mit Motivationshilfen etwas bei, um diese dann wieder abzubauen, wenn der Hund die Bewegungsabläufe intus hat.

Zusammenfassung
Die Motivationshilfe Futter setze ich ein, um den Hund an einen neuen Lernschritt heranzuführen. Die Prüfungsordnung verlangt aber, dass der Hund die Unterordnung ohne Hilfen des Hundeführers zeigt. Es bleibt uns also nichts anderes übrig, als die am Anfang gegebenen Hilfen wieder abzubauen. Bisher erfolgte die Ausbildung nach dem Kochbuchprinzip. Für den Hilfeabbau jedoch muss jeder Hundeführer seinem eigenen Gefühl vertrauen,

muss Entscheidungen in Bruchteilen von Sekunden treffen und sie seinem Hund vermitteln. Da hilft keine Anleitung, hier wird Hundesport zur nur teilweise lernbaren Gefühlssache.
Der Hilfeabbau geht umso schneller, je besser der Hundeführer im ersten Lebensjahr seines Hundes gelernt hat, mit diesem zu kommunizieren. Kommt der Hund mit dem Hilfeabbau zurecht, dann ist der erste Schritt »weg von der Belohnung und hin zur Zusammenarbeit aus Freude« getan. Obwohl wir mit unserem Hund bisher nur einen einzigen Schritt meistern, ist es doch ein Riesenschritt auf unserem Weg zu einer freudigen Unterordnung.

Wendungen an Ort

Die Wendungen an Ort sind ein weiterer, kleiner Schritt in der Vorbereitung für das *Folgen frei*. In der *Grundstellung* hat sich der Hund gewöhnt, uns immer von der gleichen Seite anzuschauen. Nun hoffen wir, dass er diese Ansicht unseres Oberkörpers auch im *Folgen frei* suchen wird. Mit dem Schritt nach vorne ist die Grundlage dafür gelegt worden. Über die ganze Übung *Folgen frei* wird sich der Hund an der Bewegung des Oberkörpers orientieren, auch in der Wendung. Deshalb machen wir ihn jetzt mit der Wendung an Ort bekannt.
Ich lasse mir und dem Hund Zeit mit dieser Übung, bis der Schritt nach vorne ohne Hilfe gemeistert wird. Dann beginne ich mit 90°-Wendungen nach rechts, später folgen 180°-Wendungen. Die Wendung nach links übe ich bewusst erst später ein. Ich stelle mich mit dem Hund in der *Grundstellung* auf und beobachte mein Tier im Spiegel. Macht er eine gute Spannung, gebe ich das Kommando, lasse meine Füße für einen kurzen Moment unbewegt und drehe den Oberkörper ein wenig nach rechts. Dann führe ich die linke Hand mit dem Futter vor die Nase des Hundes und drehe gleichzeitig die Füße an Ort und Stelle um 90° und ziehe dabei den Hund mit. Im richtigen Moment hebe ich meine Hand hoch und bringe den Hund wieder in die *Grundstellung*.
Auch hierbei ist es wichtig, dass der Hund um den Hundeführer herumrutscht und nicht aufsteht und sich wieder hinsetzt. Deshalb darf man keinen Ausfallschritt nach rechts machen. Die Füße bleiben bei

Der Hundeführer hat die *Grundstellung* fast erreicht und zieht den Kopf des Hundes nach oben.

Der Hundeführer dreht sich und zieht mit dem Futter den Hund mit sich.

Der Hundeführer steht, der Hund sitzt …

Mit dem Kommando dreht der Hundeführer den Oberkörper leicht nach rechts und zieht den Kopf des Hundes vor seinen Körper.

Wendungen an Ort: Der Hund sitzt in korrekter *Grundstellung*.

... die korrekte *Grundstellung* ist erreicht. Unbedingt jetzt nochmals die *Grundstellung* mit Futter bestätigen, erst dann wird gespielt.

der Drehung am Ort. Ziel der Übung ist es, dem Hund klar zu machen, dass wenn sich der Oberkörper dreht, nicht in Marschrichtung weitergegangen wird, sondern eine *Wendung* folgt.
Da der Hund das Abbauen der Hilfen schon kennt, kann man nach den ersten Versuchen diesmal vergleichsweise früh damit beginnen. Mit der Wendung dreht sich der Hundeführer weg vom hilfreichen Spiegel. Auf diesem Stand der Ausbildung sollte der Hundeführer aber gelernt haben, sich auf seine Trainingsgruppe zu verlassen. Er darf auf keinen Fall in und nach der Wendung den Oberkörper dem Hund zuwenden.

Das Schrittschema für das *Folgen frei*

Ein perfekt vorgeführtes *Folgen frei* ist eine wunderschön anzusehende Übung. Der Hund orientiert sich am harmonischen Bewegungsablauf des Hundeführers, folgt ihm blitzartig in die Wendungen und nimmt schnell und korrekt die *Grundstellung* ein. Dieses Niveau des *Folgen frei* kann nur erreichen, wer seinem Hund von Anfang an eine klare Orientierung gibt. Das Angehen, die Schrittfolgen vor, in und nach den Wendungen müssen immer gleich sein. Damit werden die Wendungen und das Anhalten für den Hund voraussehbar.
Wer diese Voraussehbarkeit bezweifelt, sollte folgendes Experiment machen. Man stelle sich wie für die *Grundstellung* auf, und ein Trainingskollege nimmt die Stelle des Hundes ein. Der Hundeführer gibt das Kommando »Fuß!« und marschiert los. Irgendwann hält er wie in der Unterordnung an, ohne verbales Kommando und ohne zu zögern. Der Trainingskollege, der den Part des Hundes übernommen hat, soll wie der Hund das Anhalten »seines Hundeführers« erleben und versuchen, zeitgleich mit ihm anzuhalten.
Die ersten zwei, drei Mal wird der »Hund« völlig überrascht werden und noch ein, zwei Schritte weiter laufen, bevor er reagiert und anhält. Hat der Hundeführer einen harmonischen Bewegungsablauf und hält er immer gleich an, wird sich sein »Hund« mit jedem Versuch verbessern. Spätestens nach vier-, fünfmaliger Wiederholung spürt er das Anhalten im Voraus und hält auf gleicher Höhe mit dem Hundeführer an. Dabei

Wendung »rechts um«: Letzter Schritt vor der Wendung. Das linke Bein ist vorne, die Schultern sind gerade.

Die Wendung wird mit dem rechten Bein eingeleitet, der Fuß in der bisherigen Marschrichtung nach rechts abgewinkelt, die linke Schulter dreht damit nach rechts ein.

Das linke Bein folgt nach und wird neben oder wenig vor das rechte gestellt. Der Hund hat auf der Außenbahn Zeit die Wendung zu vollenden. Weiter geht es mit normaler Schrittlänge.

Wendung »rechts umkehrt«: Letzter Schritt vor der Wendung. Das linke Bein ist vorne, die Schultern sind gerade.

Die Wendung wird mit dem rechten Bein eingeleitet, der Fuß in der bisherigen Marschrichtung nach rechts abgewinkelt, die linke Schulter dreht damit nach rechts ein.

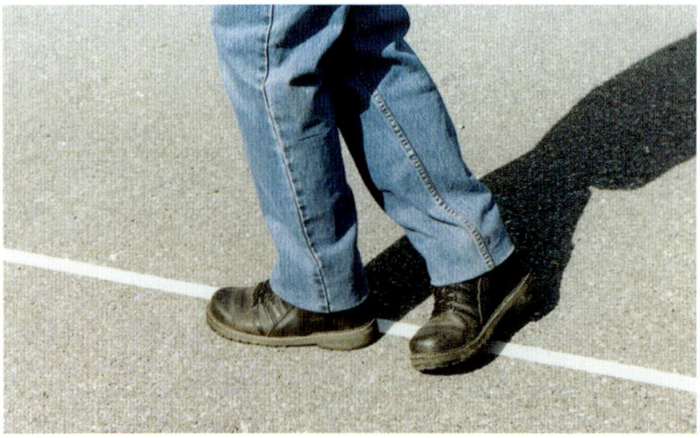

Für einen großen und schnellen Hund kann der linke Fuß wie auf dem Bild vor den rechten gestellt werden, sonst empfiehlt es sich, den linken Fuß neben den rechten zu stellen.

Mit dem rechten Bein wird wieder die neue Marschrichtung eingenommen.

Wendung »links umkehrt«: Letzter Schritt vor der Wendung, das linke Bein ist vorne.

Damit der Hund diese Übung nicht mit der Linksum-Wendung verwechselt, leite ich auch diese Wendung mit dem rechten Bein ein, der Fuß wird in Marschrichtung angewinkelt vor dem linken abgestellt. Die rechte Schulter dreht nach links, der rechte Fuß zeigt nach links.

Die Wendung wird durch das Drehen des Oberkörpers beendet, der linke Fuß ist in Marschrichtung abgestellt.

Mit dem rechten Bein wird der Bewegungsablauf wieder aufgenommen.

Wendung »links um«: Im Gegensatz zu allen anderen Wendungen, bleibt der Hund im Linksum auf der Innenbahn. Diese Wendung kann sehr schnell vollzogen werden und ich leite sie mit dem linken Bein ein. Der letzte Schritt vor der Wendung, das recht Bein ist vorne.

Mit dem linken Bein wird die Wendung eingeleitet, der linke Fuß in Marschrichtung nach links angewinkelt, die rechte Schulter geht nach vorne. Vom Bewegungsablauf und der Stellung ein klarer Unterschied zur Linksumkehrt-Wendung.

Da der Hund auf der Innenbahn einen deutlich kürzeren Weg nehmen muss, verlasse ich die Wendung sofort mit voller Schrittlänge.

erlebt der »Hund«, was für ein hohes Maß an Konzentration es dazu braucht. Nur hat das noch kein Vierbeiner seinem Hundeführer mitteilen können!

Im Gegensatz zu unseren Hunden, ist bei uns das Bewusstsein für die Körpersprache nicht stark ausgeprägt. Jeder, der diese Übung macht, ist erstaunt, dass er das Anhalten voraussieht, dass er spürt, dass es kommt. Das ist für mich der Beweis, dass unsere Körperhaltung und unser Bewegungsablauf für unseren Vierbeiner die entscheidende Orientierungshilfe beim *Folgen frei* sind.

Bevor man mit dem Hund das *Folgen frei* übt, sollte jeder Hundeführer das Schema, das auf der ersten Prüfungsstufe verlangt wird, ohne seinen Hund fehlerfrei beherrschen. Welche Wendung kommt wann? Wo wird angehalten? Wie ist die Schrittfolge in den Wendungen? Es gibt keine allgemein gültige, absolut richtige Schrittfolge, die eine saubere Wendung garantiert. Jeder soll sie so machen, wie sie ihm liegt. Aber, und das ist absolut wichtig, er soll sie immer gleich machen. Der ganze Ablauf muss so lange geübt werden, bis er automatisiert, ohne nachzudenken, ohne zu zögern abgespult werden kann. Wer das ohne Hund nicht fertig bringt, schafft es mit Hund garantiert nicht. Wer irgendwie über den Platz stolpert, einmal so, und dann anders die Wendung einleitet, ist für seinen Hund keine Stütze. Er führt seinen Hund nicht und gibt ihm die Chance des Voraussehens nicht.

Ich selber leite alle Wendungen, außer das Links um, mit dem rechten Bein ein. Geht das rechte Bein nach vorne, geht die linke Schulter mit. Dreht das rechte Bein, drehen die linke Schulter und damit der Oberkörper harmonisch in die Wendung. Der Hund orientiert sich am Oberkörper und macht die Bewegung mit. Für mich stimmt dieser Bewegungsablauf, es ist mein System, es passt mir. Ich kann mich problemlos an mein Schema halten. Aber: Jeder soll sein eigenes Schema finden. Noch einige Gedanken zum Angehen und Anhalten. Beim Angehen bewege ich zuerst das rechte Bein. Damit erhält der Hund die Gelegenheit, sich zu erheben und dann mit meinem linken Bein mitzukommen. Gemäß Prüfungsordnung soll er mit der Schulter auf Kniehöhe des Hundeführers sein. Starte ich wie beschrieben, sieht der Anfang optisch besser aus.

Hält man nun auf dem rechten Bein an und zieht das linke nach oder

umgekehrt? Ich habe schon die tollsten Dispute darüber gehört. Nimmt der Hund die *Grundstellung* perfekt ein, sitzt er mit der Schulter auf Kniehöhe des Hundeführers, so ist es doch völlig egal, auf welchem Bein der Hundeführer anhält und welches er nachzieht. Der Erfolg ist wichtig. Ich persönlich halte auf dem rechten Bein an und ziehe das linke nach. Mir scheint es, dass die linke Körperhälfte dem Hund besser zur Orientierung dient. Halte ich auf dem rechten Bein an und ziehe das linke unmerklich langsamer an, spürt das der Hund unmittelbar. Das sind natürlich meine Überlegungen, meinen Hund konnte ich zu seinem Empfinden der Situation leider noch nicht befragen.
Beim Übungsteil Einen Schritt nach vorne, auf der dritten Ebene, habe ich den kurzen Schritt nach vorne mit dem rechten Bein begonnen. Ich wollte aus erwähnten Gründen nicht, dass mein Hund vollständig aufsteht, also waren zwei Schritte und das Anhalten auf dem linken Bein nicht drin. Der Hund lernt von Anfang an diesen Bewegungsablauf, wieso soll ich das später ändern? Halte ich später nach einigen Schritten auf dem rechten Bein an, sind in diesem Moment die linke Schulter und der linke Arm vorne. Beim Anziehen des linken Beines geht der Arm völlig harmonisch nach hinten. In der Aufbauphase des *Folgen frei* habe ich damit die Möglichkeit, ganz elegant und dem Bewegungsablauf entsprechend, dem Hund mit der linken Hand eine Hilfe für das Sitzen zu geben. Ich halte also aus rein ausbildungstechnischen Gründen, die sich aus dem Aufbau ergeben, auf dem rechten Bein an und ziehe das linke nach, nicht aus irgendwelchen tieferen, psychologischen Überlegungen.

Zusammenfassung
Das Einüben des Bewegungsablaufs für das *Folgen frei* ohne Hund soll helfen, die Überforderung von Hund und Hundeführer zu vermeiden. Der Hund orientiert sich am Bewegungsablauf seines Hundeführers, dieser ist ihm Stütze und Führer. Diese Aufgabe kann aber nur erfüllen, wer weiß, wie schnell und wie weit er zu gehen hat, wie er Wendungen einleitet und wie er anhält. Wer das ohne Hund nicht kann, wird es mit Hund sicher nicht können. Wo bleibt dann die Führerfunktion?

Die vierte Trainingsebene

Übungsziele:

- *Folgen frei*, die ersten Schritte
- Das Halten des Apportiergegenstandes
- Das *Setzen, Legen*

Das *Setzen, Legen* ist eine einfache Übung. Es verleitet, sehr früh damit anzufangen. Nur hat der Hundeführer dann noch keine Ahnung vom Abbau der Motivationshilfen und das Team ist noch nicht eingespielt. Daher ist es besser, das Erlernen dieses Arbeitsschrittes auf später zu verschieben. Für das *Folgen frei* und das *Apportieren* wird man genug Zeit brauchen. Sind auch diese Übungsziele erreicht, steht der Weg für die erste Prüfung offen. Alle anderen Arbeitsschritte der Unterordnung können jetzt problemlos erarbeitet werden. Die solide Grundlage dafür konnte ohne Überforderung des Hundeführers gelernt werden und damit bleibt die Arbeitsfreude des Hundes erhalten.

Folgen frei, die ersten Schritte

Folgen frei

»Der Hund muss seinem Hundeführer in jeder Gangart und Richtung willig und freudig so folgen, dass er sich mit der rechten Schulter dauernd dicht neben seinem Hundeführer auf der Höhe des linken Knies befindet. Beide Arme sind zwanglos zu bewegen.« (Auszug aus der Prüfungsordnung der SKG)

Alle Vorübungen für das *Folgen frei* sind auf der dritten Ebene erarbeitet worden. Jetzt, auf der vierten Ebene, kann sich der Hundeführer dem *Folgen frei* selber zuwenden. Jetzt wird nicht mehr das Nachrut-

Zum Anhalten erhält der Hund die volle Hilfe mit der Hand, …

… und es geht dynamisch vorwärts.

… und das Team ist wieder in der *Grundstellung*.

Nach dem Kommando marschiert der Hundeführer an, …

***Folgen frei*, die ersten Schritte:** Der Hund sitzt neben seinem Hundeführer in der *Grundstellung*.

schen von Schritt zu Schritt vom Hund verlangt, nun soll er dem Hundeführer folgen. Um dieses verwirrend Neue nicht in Überforderung ausarten zu lassen, begnüge ich mich am Anfang mit drei Schritten. Kaum ist der Hund aufgestanden und mir gefolgt, halte ich an und bringe ihn in die *Grundstellung*. Es ist die gleiche Bewegung der Hand, die ich auf der dritten Ebene gelernt habe, mit der ich den Hund zum Sitzen bringe. Anschließend wird gespielt und dann beginnt das Ganze von vorne. Nach wenigen Sequenzen lasse ich diese Übung für den ersten Tag bleiben, die erste Bekanntschaft mit dem *Folgen frei* ist gemacht.

Für jeden Hundeführer sind die ersten Schritte mit seinem Hund eine aufregende Sache. Langsam baue ich die Übung aus, von drei auf fünf Schritte. Es besteht aber kein Grund, wenn jetzt Dynamik in den Ablauf kommt, den Oberkörper zu wenden und zu beobachten, ob und wie der Hund folgt. Das ist Sache der Trainingsgruppe. Der Hundeführer marschiert seine ersten Schritte los, und zwar zügig. Zögerliche Bewegungen lassen die Spannung beim Hund sofort sinken, nur Dynamik hält ihn aufmerksam. Das gilt auch für später, der Bewegungsablauf des Hundeführers soll energisch und zielgerichtet nach vorne sein. Daran wird sich der Hund orientieren und seine in der *Grundstellung* aufgebaute Spannung problemlos halten.

Das Wichtigste, das auf der vierten Ebene im *Folgen frei* erarbeitet werden muss, ist die Haltung der Arme und des Oberkörpers. Dafür gibt es kein allgemein gültiges Rezept. Jeder Hundeführer muss für sich die richtige Haltung finden. Der eine wird die Arme hängen lassen, der andere muss sie anwinkeln. Entscheidend ist, dass sich der Hundeführer wohl fühlt und die Haltung für den Hund stimmt. Er soll seinem Hundeführer mit der Schulter auf Höhe des Knies folgen können, die seitliche Distanz zum Hundeführer soll dabei nicht zu groß sein. Wieder ist der Hundeführer ganz auf die Trainingsgruppe angewiesen. Nur über die Beobachtung der Kollegen wird es für den Hundeführer möglich, die für seinen Hund optimale Haltung einzunehmen.

Ist einmal eine Erfolg versprechende Haltung gefunden, muss der Hundeführer Konstanz und Spannung in seine Bewegung bringen. Die Arme sollen immer gleich bewegt werden, die Spannung soll bis in die Fingerspitzen gehen. Spannung und Konstanz der Bewegung werden für den Hund zum Anhaltspunkt, er wird seine Bewegung derjenigen des Hundeführers anpassen. Ich kann nicht genug betonen, dass es die Haltung des Hundeführers, sein Tempo der Bewegung sowie seine ausgestrahlte Spannung sind, die den Hund die richtige Stellung neben dem Hundeführer sowie einen angenehmen Bewegungsablauf finden lassen.

Daran ist auf der vierten Ebene zu arbeiten. Der Hundeführer hat an sich zu arbeiten und nicht zu versuchen, durch Zug an Lendenleinen oder Reißen am Halsband seinen Hund in eine Stellung zu zwingen, welche diesem nicht zusagen kann.

Ein leicht schräges Laufen oder ein etwas zu großer Abstand zum Hundeführer sind am Anfang zu vernachlässigen. Das Gesamtbild ist entscheidend, es soll Erfolg versprechend aussehen. An den Details kann später gearbeitet werden, oder sie verlieren sich mit zunehmender Routine von selbst.

Zusammenfassung
Alle grundlegenden Elemente für das *Folgen frei* sind auf den vorangehenden Ebenen erlernt worden. Auf der ersten Ebene lernt der Hundeführer seinen Hund zu motivieren. Das benutzt er, um auf der zweiten Ebene zu lernen, den Hund in die *Grundstellung* zu manövrieren und dann die Konzentrationsphase aufzubauen. Das sind dann die Fundamente, um auf der dritten Ebene *einen* Schritt nach vorne zu machen und die Wendungen an Ort einzuüben. Ebenso kann ich mir nicht vorstellen, dass man das *Folgen frei* dem Hund beibringen kann, ohne die Schrittfolgen ohne Hund geübt zu haben. Schritt für Schritt wurden so die Grundlagen, logisch aufeinander aufbauend, erlernt. Jetzt folgt die Zusammenfassung zum Lernschritt des *Folgen frei*. Dem lauernden Feind, nämlich der Überforderung, konnten wir durch diesen Aufbau ein Schnippchen schlagen.

Das Halten des Apportiergegenstandes

Für mich ist das *Apportieren* eine der komplexesten Arbeiten, die wir unseren Hunden beibringen. Wie viele Fehler gemacht werden können, sieht man am besten bei Prüfungen. Wie oft kann man Retriever beobachten, denen das in den Genen liegende *Apportieren* von den Hundeführern abgewöhnt wurde.
Das *Vorsitzen* und wie ich dem Hund das Halten des Gegenstandes beibringe, sind die entscheidenden Punkte für ein konfliktfrei vorgeführtes *Apportieren*. Wie wird es normalerweise gemacht? Der Hund wird hingesetzt, der Hundeführer baut sich vor dem Hund auf, gibt oder drückt ihm den Gegenstand in den Fang und wartet bis der Hund ihn ruhig hält. Dabei starrt er den Hund an und wiederholt, dabei immer nervöser werdend:»Ruhig halten! Ruhig halten!« Ist der Hundeführer noch von der ganz ungeschickten Sorte, wird er seinem Hund den Fang zudrücken.
Und wie sieht das aus der Sicht des Hundes aus? Was im Hund abläuft,

wenn wir uns vor ihm aufbauen, kann unter *Vorsitzen* auf Seite 51 nachgeschlagen werden. Dazu kommt noch, dass der Chef so ein unförmiges Ding, den Apportiergegenstand, hervornimmt, dann das unverständliche Wort »Apport!« ausspricht und zudem ganz offensichtlich sehr gespannt bis aufgeregt ist. Das wäre schon Druck und Konflikt genug zum Davonrennen, nein, jetzt wird das Ding in den Fang gestopft und da gelassen. Der Hund hat keine Ahnung, was er damit anfangen soll. Als Übersprungshandlung beginnt er zu knautschen. Das gefällt dem Chef nicht. Aber was diesem eigentlich gefällt, kann der Hund nicht wissen. Dazu werden immer irgendwelche für ihn unbekannte Worte gesprochen, und der Chef wird immer nervöser. Weil der Hund schließlich überhaupt nicht mehr weiß, was er eigentlich soll, kann er nichts mehr aufnehmen. Dann kommt endlich das Ding aus dem Fang und weil es so schön war, wird die ganze Übung wiederholt. Von psychischem Gleichgewicht und Wohlbefinden ist bei dieser Vorgehensweise keine Rede.
Bevor der Hund nicht perfekt, konfliktfrei und somit freudig vorsitzt, hat das *Apportieren* im Ausbildungsprogramm nichts verloren. Für mich beginnt das *Apportieren* mit dem *Vorsitzen*, also der Schlussstellung. Erst damit ist die elementarste Voraussetzung für eine neue Übung, das Halten des Gegenstandes vor dem Hundeführer, erfüllt. Deshalb baue ich das *Vorsitzen* langsam und vorsichtig schon auf der zweiten Ebene auf. Bevor der Hund den Gegenstand das erste Mal sieht, soll er die Schlussstellung des Apportierens genau kennen.
Damit der Gegenstand auch ruhig gehalten wird, muss man sich zwei Tatsachen vor Augen halten, nämlich je dicker und weicher der Gegenstand und je gespannter der Hund ist, um so ruhiger hält er. Also besorge ich mir zuerst einen Apportiergegenstand mit möglichst dickem Steg und umwickle diesen mit Teppich oder Kletterseil. Die Spannung im Hund habe ich durch alle vorgehenden Übungen aufgebaut. Auch im *Vorsitzen* ist der Hund gespannt auf die Futterbrocken, die ihm aus meinem Mund zufliegen. Diese bekannte Stellung nütze ich aus, hole den Apportiergegenstand hervor und halte ihn vor seinen Fang. Der Hund wird mich weiter anstarren und ich füttere weiter.
Man muss sich vor Augen halten, dass sich eine Beute immer vom Hund weg bewegt. Deshalb ziehe ich auf das Kommando »Apport!«

den Gegenstand ruckartig nach oben, aber nicht zu weit vom Hund weg. Mit großer Wahrscheinlichkeit wird der Hund aus seiner freudigen Stimmung und der vorhandenen Spannung jetzt den Gegenstand in den Fang nehmen. Nun kommt der wichtigste Teil: Die Spannung im Hund auf das Futter muss aufrecht erhalten werden. So wie ein Schritt zwischen zwei Konzentrationsübungen dem Hund keine Zeit lässt, die Spannung zu verlieren, so soll es mit dem Halten sein. Am Anfang soll er den Gegenstand allerdings gar nicht halten, sondern ihn aus der Spannung heraus »in den Fang nehmen«. Sowie der Hund den Gegenstand in den Fang nimmt, nehme ich ihm den Gegenstand mit dem Kommando »Aus!« weg und füttere weiter. Ich beabsichtige also nur ein minimales Unterbrechen der bekannten und freudig ausgeführten Übung *Vorsitzen*. Damit hat der Hund auch gar keinen Grund und vor allem keine Zeit, Übersprungshandlungen wie das Knautschen auszuführen. Ich habe ihn nicht in eine völlig neue, konfliktträchtige Situationen gebracht, sondern nur einer bekannten Stellung für einen kur-

Der Apportiergegenstand soll einen dicken Steg haben. Dieser wird mit Teppich oder einem Kletterseil umwickelt.

Der Hund wird im *Vorsitzen* gefüttert.

Der Gegenstand kommt hoch, der Hundeführer füttert weiter.

Durch einen kleinen Ruck, weg vom Hund, wird dieser veranlasst nach dem Gegenstand zu schnappen.

Nur für eine oder zwei Sekunden wird der Gegenstand im Fang belassen, …

… dann sofort herausgenommen und der Hundeführer füttert weiter. Das Vorsitzen wurde für einen Moment durch das In-den-Fang-Nehmen unterbrochen.

zen Augenblick ein neues Element hinzugefügt. Die Erwartungshaltung auf das Futter wurde dabei durch das Halten nur für einen Moment unterbrochen.
Allmählich verlängere ich die Zeit bis zum Herausnehmen des Gegenstandes, zuerst auf einige Sekunden, dann werden es immer mehr. Aber das Füttern bleibt der zentrale Bestandteil der Übung. So wird langsam aus dem *Vorsitzen* ein *Vorsitzen* und Halten, ohne dass ich den Hund dabei in einen Konflikt bringe. Unverkrampft lernt er so den komischen Gegenstand zu halten. Da dieser dick und angenehm weich und der Hund zudem in qualitativ guter Spannung ist, wird er ihn auch ruhig halten.
Jetzt wird es wieder Zeit, eine vertraute Übung mit etwas Neuem zusammenzufügen. Aus dem Halten des Apportiergegenstandes kombiniert mit dem Abrufen ins *Vorsitzen* soll ein schnelles Bringen werden.
Genau wie das Abrufen wird auch das Bringen geübt. Ich bringe den Hund ins korrekte *Vorsitzen*, lassen ihn den Gegenstand halten, nehme ihm diesen mehrmals aus dem Fang und lasse ihn den Gegenstand wieder halten. Dann lasse ich den Hund warten und mache einen Schritt rückwärts, warte einen Moment und rufe den Hund dann ab. Der eine wird sofort nachrutschen, der andere braucht noch etwas Hilfe mit den Händen. Auch der eine oder andere Hundeführer braucht an dieser Stelle etwas Hilfe. Die Trainingsgruppe sollte ihn daher gut beobachten, die meisten Hundeführer neigen hier zu Verkrampfungen, zögerlichen Bewegungen und sind voller Angst, der Hund könne etwas falsch machen.
Offenbar ist nicht nur für mich das *Apportieren* etwas Komplexes, auch andere bringen Unbehagen auf den Platz. Teilt man die Übung in kleine Schritte auf, geht von bekannten Stellungen aus und nimmt nur schrittweise Neues hinzu, kann eigentlich nicht viel schief gehen. Passiert ein Fehler, betrifft das nur einen kleinen Teil der Übung. Daher besteht kein Grund, den Hund durch komische, zögernde Bewegungen zu hemmen.
Klappt das Nachrutschen mit dem Gegenstand über einen Schritt, mache ich den gleichen Aufbau wie mit dem *Vorsitzen*. Ich lasse den Hund mit dem Gegenstand warten, entferne mich eine größere Strecke und rufe den Hund mit dem Gegenstand ab. Falls nötig, werden die

Der Hund hält den Gegenstand.

Der Hundeführer entfernt sich einen Schritt. Im Bild ist die Distanz auch für einen großen Hund am oberen Limit. Für kleinere Hunde muss sich der Hundeführer deutlich weniger weit entfernen.

Der Hundeführer ruft seinen Hund ab, dieser rutscht in das *Vorsitzen* nach.

Der Hund hält den Apportiergegenstand ruhig, seine Konzentration gilt dem in Aussicht stehenden Füttern.

Sofort nach dem Abnehmen des Gegenstandes beginnt der Hundeführer zu füttern. Der Hund hat sein Triebziel erreicht.

gleichen Hilfen wie für ein korrektes *Vorsitzen* gegeben. Mit der Zeit wird der Hund mit dem Gegenstand auch über eine größere Distanz schnell in die vertraute Vorsitzstellung kommen. Da er erwartet, gefüttert zu werden, wird er diese Stellung aufsuchen.

Zusammenfassung
Das *Apportieren* ist das Paradebeispiel, wie man eine Übung von der Schlussstellung her zu dem in der Prüfungsordnung verlangten Anfang hin aufbauen kann.
Auf der zweiten Ebene wurde das *Vorsitzen* erlernt, jetzt füge ich diesem Übungsteil noch das Halten des Gegenstandes zu. Was der Hund mit dem Gegenstand soll, das weiß er nicht. Das erste In-den-Fang-Nehmen soll eine kurze Unterbrechung der Erwartungshaltung auf das Futter sein. Bevor die Überforderung zuschlägt, bringe ich den Hund wieder in ein bekanntes Verhaltensmuster: Ich nehme ihm den Gegenstand wieder aus dem Fang und füttere ihn weiter. Erst später wird das In-den-Fang-Nehmen zu einem Halten, das Halten zu einem Bringen.

Setzen, Legen

Eigentlich ist das *Platz-Sitz* für einen motivierbaren Hund eine einfach Übung. Er wird aus der Sitzposition mit Futter und einer schnellen Bewegung ins *Platz* gezogen, dann kurz liegen gelassen. Nun führt man das Ganze in umgekehrter Richtung ins *Sitzen* fort.
Die Übung ist einfach, der Anfänger sieht schnell einen Erfolg, freut sich, übt gerne und viel. Und doch sieht man an den Prüfungen selten, dass diese Arbeit schnell und korrekt ausgeführt wird. Ich habe mich lange gefragt, woran das liegen kann. Heute bin ich überzeugt, dass ganz einfach viel zu früh mit dieser Übung angefangen wird. Der Anfangserfolg mit voller Hilfe des Hundeführers stellt sich schnell ein, dann heißt es: »Bau die Hilfen ab!«. Nur, woher soll ein Anfänger die Erfahrung im Hilfeabbau haben? Er wird sich verkrampfen, durch die Dynamik des Geschehens überfordert sein und falsch reagieren. Sehr

schnell wird, was freudig begonnen, zu einem konfliktgeladenen Übungsteil. Mit dem Übungsbeginn sollte man sich Zeit lassen. Der Hundeführer sollte im Rahmen des Aufbaues der Konzentrationsphase und des Schrittes nach vorne zuerst die Technik des Hilfeabbaus lernen und sich das nötige Gefühl dafür aneignen. Erst wenn der Hund die *Grundstellung* und die Spannung in Ruhe beherrscht, macht es Sinn mit dem *Setzen-Legen* zu beginnen.
Ich nehme den Hund in die *Grundposition*, absolviere die Konzentrationsphase, lasse ihn warten und drehe mich zum Hund. In der rechten Hand halte ich eine große Anzahl Futterbrocken, halte sie vor seine Nase und gebe das Kommando »Platz!«. Sofort ziehe ich den Hund mit einer schnellen Bewegung in die gewünschte Stellung. Dort lasse ich das Futter auf den Boden fallen. Während er frisst, lobe ich ihn ausführlich. Er soll mit der Zufriedenheit, die in meiner Stimme liegt, das Fressen und das Wort *Platz* verbinden. Sobald er fertig gefressen hat, lege ich nochmals Futter hin und lobe ihn weiter.
So ausführlich füttere ich ihn aber nur die ersten zehn Mal. Der Hund soll wissen, dass *Platz* super ist und heißt: sich schnell auf den Boden legen, dort liegen bleiben und fressen! Es soll sich für ihn lohnen, *Platz* zu machen!
Während der Hund fertig frisst, drehe ich mich in die korrekte Stellung neben den Hund. Die linke Hand hält einen Futterbrocken. Hat der Hund fertig gefressen, wird er mich anschauen. Er kennt das vom Aufbau der Spannung in Ruhe her. Ich sage ihm, dass er im *Platz* bleiben soll. Dann halte ich die linke Hand in gleicher Höhe wie für das Hochziehen in die *Grundstellung*. Und jetzt folgt für den Hund der Moment der Verwirrung: Er hört mein Kommando »Sitz!«. Die Spannung ist da, den Futterbrocken sieht er. Er war aber bisher angehalten worden *Platz* zu machen. Was zum Teufel soll nun das »Sitz«?
Jetzt ist der Hundeführer gefordert, alle seine auf der dritten Ebene gesammelten Kenntnisse des verbalen Lobens und Aufmunterns des Hundes einzubringen. Zeigt der Hund nur den geringsten Ansatz, an das Futter zu kommen, muss ich ihn sofort loben und unterstützen. Die Bewegung wird kaum schnell und zielgerichtet sein. Aber ich muss dem Hund das Vertrauen geben, dass er jetzt das *Platz* verlassen und ins *Sitzen* kommen darf. Ich werde mich hüten, enttäuscht zu sein, wenn das

Der Hundeführer stellt sich im rechten Winkel neben den sitzenden Hund.

Der Hundeführer zieht seinen Hund mit dem Futter in der Hand und der starken Oberkörperbewegung in die gewünschte *Platz*-Position. Wichtig ist, dass das Kommando gegeben wird, bevor die Bewegung beginnt.

In dieser Position wird der Hund gefüttert.

Der Hundeführer fordert seinen Hund auf, liegen zu bleiben, stellt sich neben seinen Hund und hält die Hand in die richtige Höhe.

Der Hund schnellt in die *Grundstellung*. Auf die Höhe der Hand konnte er sich einstellen, die korrekte Position wird ohne Umweg eingenommen.

Aufsitzen langsam kommt. Wie soll der Hund wissen, dass die neue Bewegung auch noch schnell ausgeführt werden soll? Hat er einmal begriffen, dass ein Teil der Übung das »Platz« ist und der andere das »Sitz«, stimmt die Motivation und damit die Spannung, und die Bewegungen werden auch schneller. Wir müssen lernen, dass nicht jede Ausführung von Anfang an schnell sein kann. Der Zwischenschritt des Lobens eines noch so langsamen Ansatzes in das *Sitz* muss in Kauf genommen werden, um dem Hund das Selbstvertrauen zu geben, dass die neue Bewegung richtig ist. Dann kommt die Geschwindigkeit der Ausführung von selbst.

Häufig wird empfohlen, den Hund aus dem *Platz* in das *Sitz* hochzuziehen. Man verspricht sich mehr Geschwindigkeit. Das Futter wird tief gehalten, der Hund fixiert es. Aber mit dem Kommando »Sitz!« und dem damit verbundenen Hochgehen des Hundes, zieht der Hundeführer die Hand nach oben. Ich möchte vor dieser weit verbreiteten Unsitte warnen. Hält man das Futter nämlich tief, wird der Hund seinen Bewegungsablauf auf diese Höhe einstellen, indem er seine ganze Muskulatur auf diese Höhe programmiert. Wenn der Hundeführer die Bewegung einleitet, zieht er die Hand hoch. Der Hund wird aber an der vorberechneten Stelle seine Läufe abstellen und muss dann nochmals abdrücken, um an das Futter zu gelangen. Statt einer zielgerichteten Bewegung direkt in die Endstellung, kommt es zu einem Zwei-Phasen-Gehopse. Der Hund steht damit vor dem gleichen Problem wie ein Tennisspieler, der seine Bewegung auf einen heranfliegenden Ball eingestellt hat, der vom Netz aber plötzlich in seiner Flugbahn gestört wird. Hund und Tennisspieler verfehlen beide ihr Ziel, denn sie hatten ihren Bewegungsablauf anders programmiert.

Zusammenfassung

Das *Setzen-Legen* ist die erste Lektion aus dem Bereich der Stellungswechsel. Obwohl es eine einfache Übung ist, basiert auch sie auf den vorher erarbeiteten Grundlagen. Motivation muss da sein, die *Grundstellung* muss bekannt sein, und der Hundeführer muss den Hilfeabbau beherrschen. So gerüstet, wird diese Lektion für das Team nicht zum Problem.

Die Ausbildung zur Prüfungsreife

Folgen frei

Auf der vierten Ebene ist eine Erfolg versprechende, beiden Partnern zusagende Bewegung für das *Folgen frei* erarbeitet worden. Nun gilt es Routine zu erarbeiten, und es folgt eine Fleißarbeit. Erst wenn der gewünschte Bewegungsablauf gefunden ist, dehnt man die Länge der Geraden aus, und der Hundeführer muss nun die Spannung im Hund aufrechterhalten. Alle paar Schritte wird ein korrektes *Folgen frei* des Hundes mit einem Futterbrocken bestätigt, um damit die Erwartungshaltung des Hundes aufrechtzuerhalten. Ob das Futter aus der linken Brusttasche geholt oder gespuckt wird, ist egal. Aber die Methode muss dem Hundeführer zusagen und darf den Hund nicht zum extrem schrägen Vorlaufen veranlassen. Die Bestätigung soll für eine korrekte Phase erfolgen.

Fällt der Futterbrocken auf den Boden, lässt man den Hund diesen suchen. Danach geht es freudig weiter. Die Phase des Suchens ist auszublenden und als kleiner Zwischenfall zu betrachten, dem keine weitere Bedeutung beigemessen werden soll. Die Bestätigung erfolgte ja für ein korrektes, vorangegangenes *Folgen frei*.

Auf Seite 42 habe ich bei der *Grundstellung* dargelegt, dass sich der Hund am Oberkörper und an der Armhaltung des Hundeführers orientiert. Vor allem für die Wendungen ist diese Erkenntnis von entscheidender Bedeutung. Auf der dritten Ebene hat der Hundeführer ohne seinen Hund den Bewegungsablauf geübt und sich einen konstanten Stil für die Wendungen angewöhnt. Dabei hat er gelernt, dass durch das Einleiten der Rechtswendung mit dem rechten Fuß automatisch die linke Schulter in die Wendung geht. Das gibt dem Hund den wichtigsten Anhaltspunkt, die Wendung korrekt einzuleiten. Eine zusätzliche Hilfe kann mit der rechten Hand gegeben werden. Mit einem Futterbrocken in der Hand kann der Hund eng am Körper geführt werden.

Damit greifen wir auf das auf der ersten Ebene gelernte Treiben zurück. Mit dieser massiven Hilfe behält der Hundeführer den Hund durch die *Wendung* eng bei sich. Diese Hilfe muss mit der Zeit abgebaut werden. Für den Hund bleibt dann zur Orientierung und zum Halten des Anschlusses die konstante Bewegung seines Hundeführers.

Zusammenfassung
Nach dem Aufbau über alle vier Ebenen folgt jetzt Fleißarbeit. Über das konzentrierte Training, gut beobachtet von der ganzen Trainingsgruppe, stellt sich Routine ein. Hund und Hundeführer werden zu einem eingespielten Team.

Die Entwicklungen der Wendungen »links um« und »rechts umkehrt« sowie »rechts um« sind identisch. Alle drei werden mit dem rechten Bein und dem Anwickeln des Fußes eingeleitet. Auf den Bildserien ist deutlich zu sehen, dass der Hund sich klar an der Oberkörperbewegung des Hundeführers orientiert. Die korrekte Schrittfolge garantiert, dass sich der Oberkörper immer gleich dreht. Der Hund erhält so die entscheidende Hilfe, die Wendung korrekt einzuleiten und zu beenden. Hier die Wendung »rechts um«.

Hier die Wendung »rechts umkehrt«.

Nun die Wendung »links umkehrt«.

Das Voran

Voran mit Hinlegen

»Der Hundeführer marschiert etwa 5 m mit dem unangeleinten Hund korrekt bei Fuß, wonach er diesen auf eine Distanz von etwa 10 m (20 m oder 40 m, je nach Klasse) in gerader Richtung voran schickt. Geringe Abweichungen des Hundes nach rechts oder links sind gestattet. Dort hat sich der Hund rasch hinzulegen und zu verharren, bis er vom Hundeführer abgeholt wird. Der Hundeführer beendet die Arbeit, indem er den Hund in Sitzposition nimmt. Kippen beim Liegen ist nicht fehlerhaft. Der Hund darf sich beim Hinlegen gegen den Hundeführer wenden, seinen Standort aber nicht verlassen.« (Auszug aus der Prüfungsordnung der SKG)

Bis zum jetzigen Zeitpunkt haben wir vor dem Losschicken des Hundes in das *Voran* keinen Schritt gemacht. Diese Erweiterung baue ich erst ein, wenn der Hund das *Folgen frei* perfekt beherrscht, ebenso handhabe ich es mit dem *Platz*. Im Moment beschränke ich mich darauf, dass der Hund möglichst schnell zu seinem Triebziel gelangt. In dieser Phase habe ich auch genügend Zeit, die Übung an verschiedenen Orten durchzuführen. Es ist auch sehr wichtig, dass der Hund lernt, parallel zu einem Geländewechsel zu rennen, um beim anderen, quer liegenden, das Futter zu finden. Da das etwas kompliziert ausgedrückt ist, gebe ich folgendes Beispiel:

Zwei Feldwege kreuzen sich, fünf Meter vom Kreuzungspunkt weg lege ich den Topf ab. Parallel zum anderen Weg lasse ich den Hund rennen (s. Skizze). Zweck der Übung ist, dass der Hund lernt, nicht am erstbesten Geländeübergang zu suchen, sondern dass er weiß, dass in der Linie, in der er den Hundeführer verlässt, sicher auch ein Geländewechsel kommt und das Futter dort zu finden ist.

Ich verbringe Monate auf dieser Stufe des Aufbautrainings. Erst wenn ich sicher bin, dass mein Hund weiß, was *Platz* heißt, baue ich es in das *Voran* ein. Ich probiere es zuerst auf Spaziergängen einige wenige Male aus. Wenn der Hund an mir vorbei rennt, rufe ich »Platz!«. Es ist

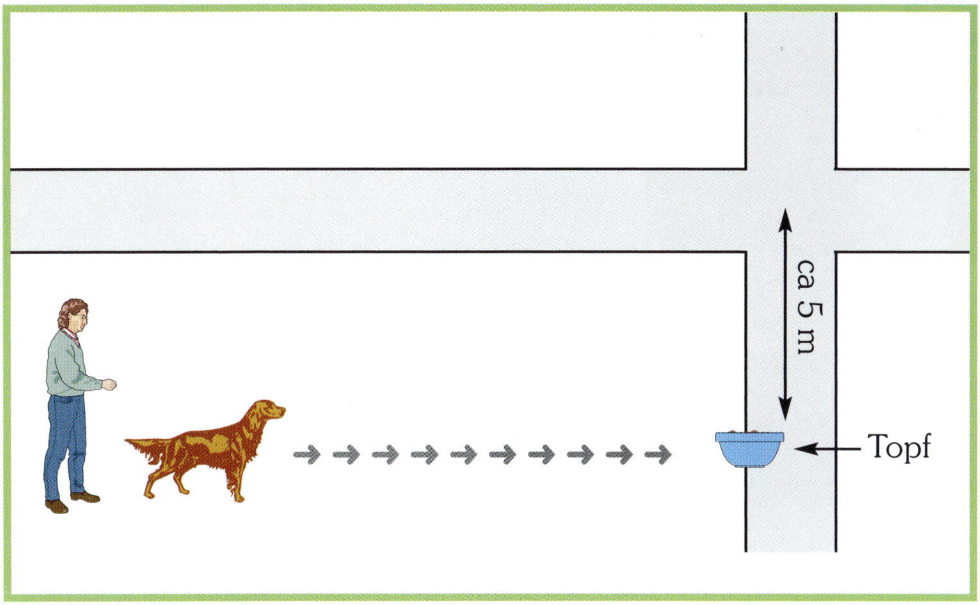

ziemlich sicher, dass ich das Kommando mehrmals wiederholen muss, bis mein verdutztes Tier begreift, was ich eigentlich von ihm will. Kaum liegt er, freue ich mich überschwänglich und lege ihm reichlich Futter zwischen die Vorderläufe. Mit dem Lob darf man es hier ruhig übertreiben. Nun wird das Ganze in die Übung eingebaut. Seit Monaten hat der Hund gelernt, nach vorne zu rennen. Plötzlich schreit da einer »Platz!«. Das wird ihn völlig aus der Bahn werfen. Wahrscheinlich wird er stehen bleiben und mich ansehen. Ich wiederhole das Kommando, dabei ist es im Moment völlig egal, wenn das *Platz* zögernd kommt. Hauptsache ist, dass ich erst lobe, wenn er liegt. Nach einer kurzen Pause nehme ich den rechten Arm in die Höhe, warte bewusst einige Sekunden und schicke ihn dann weiter ins *Voran*. Das auf der zweiten Trainingsebene erlernte blitzartige verbale Bestätigen des Hundes ist der entscheidende Schlüssel für ein schnelles Lernen und das Vermeiden von Konflikten.

Das Ziel dieses Ablaufs ist, dass der Hund lernt, *Platz* zu machen und auf das Heben des Armes zu warten. Wir lassen unseren Arm aber erst einen Moment in der Höhe verharren bis wir das Kommando geben und der Hund auf das begehrte Triebziel losgehen darf. Es ist erstaunlich, wie schnell Hunde das begreifen. Voraussetzung ist aber, dass sie

Der Hund ist in der Grundstellung, der Hundeführer baut die Spannung für das *Voran* auf.

Der Hundeführer gibt das Kommando und ...

... der Hund rast los.

Hat der Hund die Platzposition eingenommen, ist zu erwarten, dass er den Hundeführer anschauen wird. Dieser hält die Hand in die Höhe und lässt sie bewusst einige Sekunden in dieser Stellung. Erst dann schickt er den Hund weiter.

gelernt haben, auf das Triebziel loszustürmen; nur dann werden sie die Unterbrechung durch das *Platz* schnell akzeptieren und es auch schnell ausführen.
Natürlich habe ich den Ablauf etwas übertrieben problemlos geschildert. Damit wollte ich zeigen, dass in der vollen Spannung sehr schnell ein neues, unterbrechendes Element wie das *Platz* eingebaut werden kann. Einzig wichtig dabei ist, dass nachher das Triebziel erreicht wird. Es ist aber auch hier mit vielen Überraschungen zu rechnen. Es lohnt sich, dass immer jemand bereitsteht, der den Futtertopf entfernen könnte. Es kann durchaus sein, dass der Hund sich auf das erste »Platz!« hin taub stellt und weiterrennt. Dann muss der Topf weg und das Ganze beginnt von vorne, wobei das Kommando »Platz!« diesmal etwas früher erfolgen muss. Das kann wiederum dazu führen, dass der Hund sich nach fünf Metern ohne Kommando hinlegt. Wieder beginne ich mit dem Ganzen von vorne, d. h. den Hund anrufen, den Topf zeigen, Spannung machen lassen, und den Hund – ohne die Aufforderung, *Platz* zu machen – durchrennen lassen. Das Ziel aller Korrekturen soll sein, dass sie vom Hund verstanden werden und ihm gezeigt wird, was man als Hundeführer eigentlich von ihm verlangt.
Langsam, nach einigen oder auch vielen Misserfolgen, wird unser Partner begreifen, was wir verlangen und das erwünschte Verhalten konstant zeigen. Ich wünsche allen Hundeführern die nötige Geduld, diese Phase der Festigung eines neuen Arbeitsschrittes gelassen durchzustehen.
Es ist auch möglich, dass der Hund nach dem *Platz* nicht versteht, dass nach dem Hochhalten des Armes von ihm das Weiterrennen verlangt wird. Hier kann man eine kleine Zwischenübung einschalten. Ich lege den Hund ab und trete einige Schritte hinter den Hund. Ein Helfer ruft ihn vorne an und zeigt ihm den Futtertopf. Dann halte ich den Arm in die Höhe und schicke den Hund aus dem *Platz* weiter. Das begreift der Hund meistens sehr schnell und man kann mit der Übung, wie oben beschrieben, fortfahren.
Erst wenn es mit dem *Platz* klappt und der Hund das *Folgen frei* beherrscht, baue ich das Angehen in die Übung ein. In den meisten Fällen wird der Hund vorpreschen. Das ist der Moment, um einige Schritte zurückzugehen und das *Folgen frei* zu wiederholen. Ich schicke den Hund erst, wenn er den perfekten Anschluss hat und zu mir schaut, wie

er es im *Folgen frei* gelernt hat. In der ganzen Übung ist dies ein stark konfliktgeladener Teil; man muss meistens mehrmals von vorne beginnen. Es lohnt sich aber, den Konflikt durchzustehen und den Hund wirklich erst zu schicken, wenn das *Folgen frei* einwandfrei ist. Nach zwei, drei Wiederholungen wird der Ablauf für den Hund klar. Er begreift, dass erst auf ein sauberes *Folgen frei* das von ihm heiß ersehnte Kommando »Voran!« folgt.

Zusammenfassung
Auch dieser Teil der Unterordnungsprüfung wird jetzt aus einzelnen, vorher konfliktfrei eingeübten Elementen zu einem Ganzen zusammengefasst. Das auf der Ebene zwei eingeübte *Voran* wird mit dem *Folgen frei*, dem Stellungswechsel ins *Platz*, der Spannung in Ruhe und zum Schluss mit einem Stellungswechsel ins *Sitzen* kombiniert. Viele einzelne Elemente fließen zu einer komplexen Übung zusammen. Da ich mir für die einzelnen Elemente viel Zeit genommen habe, brauche ich mich jetzt nur noch auf das Zusammenfügen konzentrieren.

Das Apportieren

Apportieren

»Der neben dem Hundeführer frei sitzende Hund muss auf dessen Verlangen, in schneller Gangart, auf den mindestens 6 m geradeaus fortgeworfenen Gegenstand zulaufen, diesen sofort aufnehmen, dem Hundeführer in schneller Gangart auf dem kürzesten Weg bringen, sich vor den Hundeführer hinsetzen, den Gegenstand ausgeben, und sich nachher wieder an den linken Fuß des Hundeführers setzen. Der Hund darf mit dem Gegenstand nicht spielen, nicht knautschen und ihn nicht fallen lassen. Einmaliges, im Arbeitseifer vorkommendes Nachfassen des Gegenstandes wird nicht bestraft.« (Auszug aus der Prüfungsordnung der SKG)

Das Erreichen der Prüfungsreife im *Apportieren* sollte schnell zu realisieren sein. Ich betone an dieser Stelle nochmals, dass sich der ganze Aufbau bisher im *Vorsitzen* abspielte. Der Hund kennt die Schlussstellung und hatte Freude daran, dazu wurde ein neues Element, das Halten, konfliktfrei hinzugefügt. Für den Hund war die Belohnung vor und nach dem Halten des Gegenstandes das Wichtigste. Das Zentrale für ihn hat sich im *Vorsitzen* abgespielt. Darin besteht das Geheimnis des *Apportierens* und nicht im Üben von Werfen, Aufnehmen und Bringen. Es ist die Erwartung des Hundes, aus dem *Vorsitzen* belohnt zu werden, und das muss sich über Wochen steigern. Hat man das Gefühl, für den Hund sei es das Schönste mit dem Apport im Fang vor dem Hundeführer zu sitzen und in das *Vorsitzen* nachzurutschen, ist der Moment gekommen, die Apportierübung auszuführen.
Dazu nehme ich den Hund in die *Grundstellung*, fordere ihn zum Warten auf, werfe dann den Gegenstand möglichst weit weg und schicke ihn zum *Apportieren*. Bisher hat der Hund keine schlechten Erfahrungen mit dem Gegenstand gemacht. Für ihn besteht kein Grund, diesen nicht möglichst schnell zu holen und so schnell wie möglich die geliebte Stellung vor dem Hundeführer aufzusuchen. Da sich der Hund in Spannung befindet, wird er auch kaum knautschen.
Man soll sich hüten, die ersten zwei, drei Mal Korrekturen anzubringen. Der Hund soll die Übung ausführen, die Trainingsgruppe soll den Vorgang beobachten und der Hundeführer soll Freude ausstrahlen. Dann gehört der Hund in das Auto. Nun wird die Übung besprochen und Verbesserungsvorschläge werden angebracht: Welche Details sind optimierbar und wie stellt das der Hundeführer am geschicktesten an? Vergessen Sie nie ein aus der Sicht des Hundes sehr wichtiges Element, nämlich unsere Mimik und Blickrichtung. Nach dem Aufnehmen wendet sich der Hund uns zu und wird uns anschauen. Er soll in ein zufriedenes, ihm bekanntes Gesicht schauen und keine verunsicherten und verkrampften Gesichtszüge sehen. Vor allem soll ihn kein Blick, der ihm direkt in die Augen starrt, hemmen, so schnell wie möglich zu uns zu kommen. Direktes In-die-Augen-Starren ist in der Hundesprache eine klare Drohgebärde. Daher gilt es, diese zu unterlassen, indem man über den Hund oder vor ihn auf den Boden blickt.

Zusammenfassung
Die meiste Vorarbeit ist geleistet, das Prüfungsziel nahe. Die Hauptarbeit muss der Hundeführer im mentalen Bereich leisten. Er muss das Vertrauen haben, dass das *Apportieren* klappen wird. Alle Warnungen, wie furchtbar schwierig doch *Apportieren* ist, soll er auf die Seite legen.
Tipp: Der Apportiergegenstand sollte so weit wie möglich fortgeworfen werden. Hat der Hund das Bestreben, das Vorsitzen so schnell wie möglich einzunehmen, wird er auf einer langen Strecke kräftig Tempo machen.

Setzen, Legen und das Front

Setzen, Legen

»Der unangeleinte Hund muss am linken Fuß parallel zum Hundeführer und in Frontstellung sich je einmal legen und setzen. Beim Liegen hat der Hund die Pfoten nach vorne ausgestreckt (Sphinxstellung). Beim Sitzen hat der Hund die Vorderbeine senkrecht zu stellen und darf nicht kippen.« (Auszug aus der Prüfungsordnung der SKG)

Für die Prüfungsreife muss im *Setzen* und *Legen* der Hilfeabbau erfolgen. Bisher wurde der Hund mit voller Hilfe in beide Stellungen gebracht. Es ist sehr wichtig, dass die *Grundstellung* für das *Setzen, Legen* korrekt eingenommen wird. Der Hund soll mit der Schulter deutlich neben dem Knie des Hundeführers sitzen. Sitzt der Hund etwas zu weit vorne, ist die Gefahr groß, dass er sich beim Hinlegen bananenförmig vor den Hundeführer legt. Bisher wurde er immer mit der rechten Hand in die richtige Position gebracht. Beginnt man dem Abbau der Hilfen, wird die Fixierung auf die rechte Hand sehr stark sein, die Gefahr für ein gekrümmtes Liegen ist gegeben. Bringt man

Der Hundeführer stellt sich im rechten Winkel zum Hund auf.

Der Hundeführer gibt das Kommando und deutet die Bewegung nur an. Der Hund leitet das Einnehmen der Platzstellung ein, ein deutlicher Hinweis, dass bisher immer das Kommando vor der Bewegung gegeben wurde und der Hund die Verknüpfung von Kommando und *Platz* machen geschafft hat. Bewegt sich der Hundeführer und gibt erst dann das Kommando, wird der Hund die Bewegung mit *Platz* machen verknüpfen.

Der Hund hat die gewünschte Stellung eingenommen, ohne dass der Hundeführer seine Position verändert hat.

Jetzt wird ausgiebig gelobt und gefüttert.

den Hund aber in die korrekte *Grundstellung*, wird er von seiner Anatomie her nicht anders können, als eine gestreckte Platzposition einzunehmen.
Wie bei jedem Hilfeabbau ist der Hundeführer stark gefordert, denn seine Reaktion muss blitzschnell sein, und Lob oder Mahnung müssen sofort erfolgen. Den Abbau der Hilfen beginnt man damit, dass man nach dem Kommando »Platz!« die Körperhilfe nur zur Hälfte gibt. Geht der Hund in die gewünschte Platzstellung, muss man ihn sofort loben und erst dann das Futter hinlegen. Und so tastet man sich langsam vorwärts, vielleicht täuscht man die Hilfe nur an und irgendwann einmal gibt man dann nur noch das Kommando. Jedes korrekte Hinlegen wird gelobt, jedes Anstemmen oder Hinuntertrippeln sofort mit mahnender Stimme unterbrochen.
Meistens wird der Hilfeabbau für die Platzstellung sehr schnell erreicht. Anders verhält es sich mit dem Hilfeabbau für das *Setzen*. Hier zeigen die meisten Hunde viel mehr Schwierigkeiten. Ideal ist es, wenn das Größenverhältnis Hundeführer–Hund so ist, dass der Hund in der Sitzstellung an die Handfläche des Hundeführers reicht. So wird er das Futter immer in der Hand finden, ohne dass der Hundeführer den Arm anwinkeln muss. Dieses Paar hat es einfach. Zuerst wird das Futter gezeigt und der Hund kommt in die korrekte Stellung hoch und frisst. Dann wird das Futter in der Hand versteckt. Kommt der Hund hoch, wird er sofort bestätigt. Die Hand des Hundeführers ist immer der Orientierungspunkt. Nur findet man leider dieses ideale Größenverhältnis selten.
Meistens ist der Hund mit gestrecktem Hals höher als die am Oberschenkel anliegende Hand des Hundeführers. Daher muss dieser den Arm immer anwinkeln, um dem Hund die richtige Technik des Sitzens beizubringen. Diese Übung ist auf der vierten Ebene erlernt worden. Nun beginnt man mit dem Abbau. Man zeigt dem Hund das Futter und lässt die Hand ohne sie anzuwinkeln neben dem Körper und gibt das Kommando. Nur die wenigsten Hunde werden jetzt in die erwartete, korrekte Position schnellen. Die meisten werden sich nach der Hand orientieren und damit mit angestemmten Beinen sitzen. Es hat nun keinen Sinn, den Hund am Halsband in die richtige Position zu zerren und sich aufzuregen. Dem Hund wurde beigebracht, sich nach der Hand zu

orientieren, also wird er es machen. Der Abbau der Hilfe muss anders erfolgen. Ich nehme ein Gummiband und lege es mir um den Unterarm. Es soll auf der gleichen Höhe sein, wie die Hand mit dem angewinkelten Arm, die für den Hund das Ziel für die korrekte Sitzstellung ist. Unter dem Gummiband befestige ich einen größeren Futterbrocken. Dieser soll vom Hund gut erreicht werden können. So schaffe ich es, dass das neue Ziel, der Futterbrocken unter dem Gummiband, auf gleicher Höhe ist wie die Hand vorher. Auf diese Weise bringe ich den Hund schnell über die Hand, die neuerdings am Oberschenkel bleibt, zum Futterbrocken hin und schaffe damit den Abbau der Hilfe mit der Hand. Ich habe dem Hund ein neues Ziel gegeben.

Ich möchte aber davor warnen, die Hilfe mit der Hand am Anfang, auf der vierten Ebene, nicht zu geben. Nur mit der Hand ist am Anfang der Hund aus der Platzstellung klar zu lenken, und nur mit der Hand können minimale Positionsverbesserungen für die Sitzstellung erreicht werden. So wird der Hund die korrekte Technik für das *Sitzen* lernen. Der Futterbrocken unter dem Gummiband ist nur noch eine kleine Hilfe, um den Hund über die Hand in die gewünschte Sitzposition zu bringen.

Auch das Ausführen des *Front*, d. h. der Wechsel von der *Grundstellung* in das *Vorsitzen*, sollte erst eingeübt werden, wenn der Hund die *Grundstellung* und das *Vorsitzen* beherrscht.

Die Ausbildung konzentriert sich auf den Stellungswechsel. Auch diesen Übungsteil beginne ich mit massivster Körperhilfe. Nach der Konzentrationsphase zeige ich dem Hund das Futter in der rechten Hand. Nach dem Kommando »Front!« ziehe ich ihn nach vorne und nehme gleichzeitig mein rechtes Bein etwas vor den Körper. Hat der Hund die Sitzstellung verlassen und folgt dem Futter, ziehe ich das Bein wieder zurück in eine leichte Grätschstellung. Hier beginnt für den Hund ein bekannter Übungsteil, das Hereinziehen ins *Vorsitzen*. Ehe er sich versieht, sitzt er vor – eine bekannte und, falls richtig aufgebaut, sehr gerne eingenommene Position. Im *Vorsitzen* wird gefüttert und zum Abschluss der Übung gespielt.

Mit der Zeit versuche ich meine extreme Körperhilfe abzubauen, indem ich das Bein nur noch seitlich verschiebe und den Hund mit der Hand in die richtige Position bringe. Zuerst führe ich ihn noch vor den Körper, dann halte ich die Hand vor die Brust. Entscheidend für den Erfolg

Der Hund wird mit viel Hilfe in die *Frontstellung* gebracht. Sitzt er an der gewünschten Stelle vor, nimmt der Hundeführer Augenkontakt auf und fixiert den Hund in dieser Position. Der Hund wurde also von einer ihm bekannten Position in eine andere, auch schon eingeübte Position gebracht.

ist auch hier bei jedem Abbauschritt der Hilfen die verbale Unterstützung des Hundes.

Wie anfangs erwähnt, wechselt der Hund von einer bekannten Position in eine andere. Im *Vorsitzen* hat er gelernt vor mir zu sitzen, ich schaute ihn an und fütterte ihn aus dem Mund. Der Hund wurde von vorne in die richtige Position manövriert, er hatte fast keine Chance schräg zu sitzen. Dabei orientierte er sich an meinem Oberkörper und

Der erste Schritt für den Hilfeabbau: Der Hundeführer nimmt die Grätschstellung sofort ein und hält die Hand vor die Brust. Da es sich um einen Wechsel zwischen bekannten Positionen handelt, meistern die meisten Hunde diesen sehr schnell.

noch mehr an meinem Gesicht. Dort war ja das Futterdepot im Mund. Manövriere ich den Hund jetzt aus der *Grundstellung* um mich herum, ist es sehr schnell passiert, dass ich dem Hund vor Erreichen der definitiven Position in die Augen schaue. Der Hund sieht das ihm zugewandte Gesicht, nimmt den Augenkontakt auf und damit nagle ich ihn zu früh in die Sitzposition. Er muss annehmen, dass es jetzt Zeit sei, sich zu setzen. Ich habe es ihm ja im *Vorsitzen* so beigebracht. Schlussfolgerung: Der Augenkontakt wird mit dem Hund erst aufgenommen, wenn er die richtige Position erreicht hat.

Ein leichtes Schrägsitzen lässt sich häufig durch eine kleine Kopfbewegung korrigieren. Der Hund wird etwas drehen, um mich frontal anse-

hen zu können. Dabei helfe ich dem Hund verbal. Noch bevor er eine schräge Sitzposition eingenommen hat, und ohne dass ich ihm auch noch in die Augen schaue, fordere ich ihn wiederholt mit »Front!, Front!« auf, seine Aktivität fortzusetzen und die korrekte Stellung weiter zu suchen.

Zusammenfassung
Motivation, die *Grundstellung* und die Konzentrationsphase, das *Vorsitzen* und das *Setzen-Legen* sind auf den vorangegangenen vier Trainingsebenen erarbeitet worden. Jetzt gilt es, den Wechsel von der *Grundstellung* in das *Vorsitzen* einzuüben, den Hilfeabbau zu schaffen und das Ganze zu einer harmonischen, dynamisch vorgetragenen Übung zusammenzuschweißen.

Der Hochsprung

Der Hochsprung, Klasse Begleithund I

»Der Hundeführer stellt sich mit abgeleintem Hund vor der Hürde auf. Die Hürde ist 20 oder 50 cm hoch. Hundeführer und Hund marschieren auf die Hürde zu, der Hund überspringt, ohne zu berühren, das Hindernis, der Hundeführer geht rechts daran vorbei, nimmt den Hund nach dem Hindernis wieder bei Fuß und hält nach etwa 5 m an, Hund in Grundstellung.«
Der Hochsprung, alle anderen Klassen: »Der Hundeführer stellt sich mit abgeleintem Hund vor der Hürde auf. Die Hürde ist 20 oder 50 cm hoch. Der Hund springt hin und zurück, ohne die Hürde zu berühren. Alsdann hat er sich sofort wieder korrekt am linken Fuß des Hundeführer zu setzen. Der Hundeführer darf seinen Standort nicht verlassen und hat sich absolut ruhig zu verhalten.« (Auszug aus der Prüfungsordnung der SKG)

Die Prüfungsordnung der *SKG* sieht vor, dass in der Klasse *BHI* der Hundeführer neben der Hürde vorbeigeht und der Hund darüber springt. Das ist der ideale Weg, dem Hund die richtige Technik für den *Hochsprung* beizubringen.
Bevor der Hund das *Folgen frei* nicht perfekt beherrscht, hat er vor der Hürde nichts verloren. Wie das Platz-Sitz sind die Sprünge eine einfache Übung. Auch mit diesem Übungsteil wird leider häufig zu früh begonnen. Erst wenn Hundeführer und Hund gelernt haben, sich miteinander zu bewegen, werden die Sprünge kein Problem sein. Also wartet man, bis die Aufgaben der vierten Ebene gemeistert sind, dann erst soll man sich den Sprüngen widmen.
Ich beginne damit, dass ich den Hund an die Leine nehme und mit ihm spielerisch über die tief eingestellte Hürde springe. Dabei lernt er das Gerät und das Kommando kennen. Ich achte darauf, dass ich das Kommando immer erst unmittelbar vor dem Sprung gebe. Das Ziel soll sein, dass der Hund lernt, nahe an die Hürde zu gehen und dann den Sprung in die Höhe zu machen, und sich nicht schon weit vor der Hürde abzudrücken, um dann im flachem Bogen über das Gerät zu fliegen.
Kennt der Hund das Gerät, stelle ich mich in ungefähr zehn Meter Abstand von der Hürde in der *Grundstellung* auf. Mit dem angeleinten Hund bewege ich mich auf die Hürde zu. Der Bewegungsablauf ist der gleiche, wie für das *Folgen frei*, nur ist der Hund jetzt angeleint. Knapp vor der Hürde gebe ich das Kommando »Sprung!« und gehe mit wenigen schnellen Schritten knapp an der Hürde vorbei, mit »Fuß!« nehme ich den Hund wieder in den Normalschritt, halte an und spiele mit ihm. Auch hier habe ich das neue Element, den Sprung über die Hürde, in einen bekannten, gefestigten Ablauf eingefügt. Wichtig ist, das Kommando zum Springen knapp vor der Hürde zu geben. Sollte der Hund vorzeitig selbstständig zum Sprung ansetzen, benütze ich die Leine als Notstopp. Der Hund soll von Anfang an lernen, nur auf Kommando zu springen.
Mit dem Einüben des Hin- und Zurückspringens beginne ich erst, wenn der Hund gelernt hat, knapp vor der Hürde abzuspringen und damit den Sprung in die Höhe zu machen. Die Hürde ist niedrig eingestellt, weil es gilt, zuerst den Ablauf zu üben. Bisher habe ich den Hund immer begleitet, er konnte sich an mir orientieren. Damit er ein

Hund und Hundeführer stellen sich 10 bis 15 Schritte vor der Hürde in *Grundstellung* auf.

Der Hundeführer gibt das Kommando für das *Folgen frei* und bewegt sich auf die Hürde zu. Der Hund kennt das *Folgen frei*, die Entwicklungsphase zum Sprung ist problemlos.

Einen Schritt vor der Hürde gibt der Hundeführer das Kommando zum Sprung. Die Leine muss locker durchhängen.

Der Hund setzt über die Hürde, der Hundeführer folgt mit einigen schnellen Schritten und nimmt seinen Hund wieder in das *Folgen frei*.

Bewegen sich beide im Gleichtakt, hält der Hundeführer an. Die Übung ist beendet.

Ziel beim Hin- und Zurückspringen hat, stecke ich je nach Größe des Hundes in einem vernünftigen Abstand von der Hürde einen kurzen Stab in den Boden. Dann stelle ich mich mit dem Hund vor der Hürde auf, lasse ihn sitzen und schreite über die Hürde, zeige ihm den Futterbrocken, spieße diesen auf den Stab und schreite wieder über die Hürde zurück. Diese ist so niedrig eingestellt, dass der Hund den Vorgang des Aufspießens beobachten kann. Nach einer kurzen Konzentrationsphase schicke ich den Hund über die Hürde. Da diese niedrig eingestellt ist, und ich selber über die Hürde geschritten bin, wird der Hund denselben Weg nehmen. Hat er den Futterbrocken gefressen,

Die *Grundstellung* wird knapp vor der Hürde eingenommen, der Hundeführer lässt den Hund warten und schreitet über die Hürde.

Das Futter wird auf einen Stab aufgespießt. Dadurch ist es besser sichtbar und der Hund lernt nicht auf dem Boden zu schnüffeln.

Wichtig ist, dass der Hundeführer auch den Rückweg über die Hürde nimmt.

Dann darf der Hund den Sprung ausführen …

… und sich den Futterbrocken holen.

Der Hundeführer geht mit dem Spielzeug nach vorne und lockt den Hund über die Hürde zurück.

locke ich ihn mit Futter oder dem Spielgegenstand wieder über die Hürde zurück. In dieser Phase geht es mir darum, dass der Hund zuverlässig lernt, beide Wege über die Hürde zu nehmen. Nach dem Rücksprung muss er in dieser Lernphase keinesfalls wieder in die *Grundstellung* zurück.

Erst wenn Hin- und Rückweg tadellos klappen, beginne ich in der Anfangsposition stehen zu bleiben und den Hund nach dem Rücksprung auch in die *Grundstellung* zu bringen. Dabei ist es ganz wichtig zu berücksichtigen, wie der Hund gelernt hat, die Grundposition einzunehmen. Kommt er um den Hundeführer oder von der linken Seite in die *Grundstellung*? Je nachdem, muss der Hundeführer mit seinem Hund die Anfangsposition vor der Hürde einnehmen. Für den Hund muss immer genügend freier Raum für den Rücksprung bleiben.

Hat der Hund gelernt von links die *Grundstellung* einzunehmen, soll diese Aufstellung vor dem Sprung eingenommen werden. Auf dem Rückweg sieht der Hund genügend freien Raum, um problemlos den Rücksprung zu bewältigen.

Hat der Hund gelernt die *Grundstellung* um den Hundeführer herum einzunehmen, empfiehlt sich diese Aufstellung. Auch hier hat der Hund genügend freien Raum für den Rücksprung und das Einnehmen der *Grundstellung*.

Kommt der Hund um den Hundeführer in die *Grundstellung*, muss rechts vom Hundeführer genügend Platz für den Rücksprung bleiben. Stellt sich der Hundeführer von Anfang an zu weit rechts auf, ist die Gefahr sehr groß, dass der Hund um die Hürde zurückkommt. Man kann es ihm gar nicht verübeln, der Rückweg war ihm ja durch den Hundeführer verbaut.

Zusammenfassung
Sind Hund und Hundeführer ein gut eingespieltes Team, ist der *Hochsprung* schnell und konfliktfrei bewältigt. Ich möchte aber ausdrücklich davor warnen, mit dem *Hochsprung* sehr früh zu beginnen.

Der Weitsprung

Der Weitsprung

»Der Hundeführer stellt sich mit abgeleintem Hund vor dem Weitsprung auf. Der Hund hat das Hindernis von 50 oder 100 cm Länge frei zu überspringen, ohne dieses zu berühren. Der Hundeführer begleitet den Hund beim Anlaufen. Während der Hund das Hindernis überspringt, läuft der Hundeführer an diesem vorbei. Nach dem Sprung wird der Hund auf Kommando des Hundeführers bei Fuß genommen. Beide marschieren weiter. Nach etwa 5 m hält der Hundeführer an, Hund in Grundstellung.« (Auszug aus der Prüfungsordnung der SKG)

Wie beim *Hochsprung* beginne ich auch die Arbeit am *Weitsprung* spielerisch. Die Querbänder werden auf eine kurze Distanz eingestellt und ich nehme den Hund an die Leine. Eine dem Hund vertraute Person hängt eine zweite Leine an das Halsband. Beide halten wir die Leinen kurz, der eine auf der einen, der andere auf der anderen Seite des Hundes.

Ich fordere den Hund auf mitzurennen, und so steuern wir auf das Gerät zu. Dabei halte ich eine gerade Linie neben dem Sprung ein und gebe dem Hund kurz vor dem Gerät das Kommando zum Springen. Da er links und rechts geleitet wird, bleibt ihm nicht viel anderes übrig, als zu springen. Wichtig ist, dass die Hilfsperson und ich beim Absprung des Hundes die vorher verkürzt gehaltenen Leinen auf die volle Länge freigeben, und dass ich meinem Hund sofort und überschwänglich meine Freude kundtue.

Auf diese Weise wiederhole ich den *Weitsprung* noch mehrmals. Die Sprunglänge erhöhe ich schnell. Der Hund soll sich daran gewöhnen, zwischen der Hilfsperson und mir über das Gerät zu springen. In der Übung soll nichts Bedrohliches für ihn sein, sondern er soll sich an ihr freuen können. Sobald ich das Gefühl bekomme, dass sich mein Hund freudig und ohne zu zögern auf das Gerät zubewegt, versuche ich ohne Hilfsperson, aber noch immer mit angeleintem Hund, den *Weitsprung*

zu schaffen. In dieser Phase ist es noch eine spielerische Angelegenheit und viel Lob und Dynamik sollten vorherrschen.
Hat der Hund das Gerät spielerisch kennen gelernt, wird es Zeit, den ganzen Ablauf des *Weitsprungs* einzuüben. Immer noch an der Leine, nehme ich mit dem Hund in der seitlichen Verlängerung des Weitsprungs die *Grundstellung* ein. Nach der Konzentrationsphase marschiere ich mit dem Hund wie in der Disziplin *Leinenführigkeit* los. Es ist wichtig, viel Abstand zum Gerät zu haben. Der Hund soll sich mindestens zehn bis fünfzehn Schritte neben mir bewegen und sich damit in einem harmonischen Bewegungsablauf befinden. Wenige Meter vor dem Gerät gebe ich das Kommando für den Sprung und nun ist meine Sportlichkeit gefordert. Sofort nach dem Kommando lege ich den schnellstmöglichen Spurt hin. Für den Hund beginnt damit der Bewegungsablauf, der ihm vom Kennenlernen des Geräts bekannt ist. Sofort nach dem Sprung nehme ich den Hund wieder in den Bewegungsablauf der *Leinenführigkeit* und beende die Übung mit dem Anhalten.
Damit wäre wieder das Prinzip angewendet, dem Hund etwas – hier die *Leinenführigkeit* oder das *Folgen frei* – konfliktfrei beizubringen und dann ein neues Element, den Weitsprung, einzuschieben. Die Anlaufstrecke auf das Gerät soll bewusst lange sein, es soll klar eine *Leinenführigkeit* sein. Der Hund wird damit kein Problem haben, er hat die *Leinenführigkeit* oder das *Folgen frei* ja einwandfrei gelernt.
Da der *Weitsprung* für den Hund ein eingeschobenes Element in etwas Bekanntes sein soll, lohnt es sich, mit diesem zu warten, bis das *Folgen frei* klappt. Es ist wie mit dem *Setzen und Legen*: Je später man beginnt, umso schneller stellt sich der Erfolg ein.

Zusammenfassung
Der *Weitsprung* ist eine sehr dynamische Übung und wird von den Hunden sehr gerne ausgeführt. Doch Vorsicht: Man soll den Hund unbedingt an zwei Leinen über den Weitsprung führen, bis die Querbänder auf voller Sprunglänge oder darüber ausgezogen sind. Hat der Hund einmal begriffen, dass er in die Weite springen muss, wird diese Übung fast zur Lieblingsdisziplin der meisten Hunde.

Hundeführer und Helfer halten den Hund an je einer langen Leine.

Beim Spurt auf den *Weitsprung* werden die Leinen weiterhin kurz gehalten.

Bis der Hund den Sprung ansetzt, werden die Leinen so gehalten, dass der Hund nur den Weg über das Hindernis nehmen kann.

Setzt der Hund den Sprung an, werden die Leinen sofort freigegeben, der Hund kann ungehindert springen.

Nach der Landung nimmt der Hundeführer seinen Hund in den Anschluss und beendet die Übung.

Der Hundeführer soll sich in der Verlängerung der Seitenwand des Gerätes aufstellen. So wird er in einer Linie auf das Gerät zulaufen und der Hund kann sich auf den Sprung konzentrieren.

Das Kriechen

Kriechen

»Der Hund hat auf einer Geraden von 10 m zu kriechen. Zu Beginn muss er Platz machen. Während des Kriechens sind mehrere Hör- und Sichtzeichen sowie Atempausen erlaubt. Der Hundeführer darf mitkriechen oder nebenher gehen, fehlerhaft ist jedoch jedes Berühren des Hundes. Nach dem Kriechen hat sich der Hund erst auf Kommando des Hundeführers zu setzen.« (Auszug aus der Prüfungsordnung der SKG)

In der Prüfungsordnung der *SKG* wird das Kriechen in der Klasse *SanHI–III* verlangt. Für viele Sanitätshundeführer wird diese Disziplin zur Knacknuss. Rüden und langbeinige Rassen sind von vornherein anatomisch benachteiligt. Zudem steht der Ablauf des Kriechens einem spannungsgeladenen Bewegungsablauf, den wir sonst überall anstreben, diametral entgegen. Ich persönlich hoffe, dass diese Disziplin in naher Zukunft abgeschafft wird. Zur Zeit wird sie in der Prüfungsordnung aber noch verlangt, also müssen wir wohl oder übel damit leben und unseren Hunden das *Kriechen* beibringen.
Die fertige Übung sieht so aus, dass der Hund aus dem *Platz* mit der Brust am Boden, und ohne die Hinterhand wesentlich anzuheben, 10 Meter neben dem Hundeführer kriecht. Also müssen wir ihm beibringen, die Platzstellung kriechend zu verlassen. Das wäre bei der Ausbildung der erste Schritt. Aber wie geht es dann weiter? Oft werden über 10 Meter Futterbrocken auf den Boden gelegt. Der Hund lernt die volle Aufmerksamkeit dem Boden zu widmen, dabei geht der Kopf hinunter und die Hinterhand automatisch in die Höhe. Das Triebziel liegt schon da, und je nach Temperament des Hundes haben wir in Kürze als Resultat ein fröhliches Hopsen auf dem Platz. Die Folge: Man versucht die Hinterhand mit den tollsten Hilfsmitteln am Boden zu halten. Der Konflikt ist mit dieser Methode vorprogrammiert. Man verwendet danach die meiste Zeit mit Konfliktbewältigung, das Problem hat man aber selber durch die Trainingsanlage geschaffen.

Für mich liegt das Geheimnis des erfolgreich gezeigten *Kriechens* darin, dass der Hund, während er kriecht, nie den Kopf senken muss und dass vor allem am Anfang das *Platz* bestätigt wird und nicht das *Kriechen*. Das klingt zuerst paradox. Die Stellung *Platz* kennt der Hund seit der Ebene vier. Es ist eine Stellung, in der sich der Hund wohl fühlt. Auch bei dieser Übung versuche ich, wie schon oft, ein neues Element zwischen zwei bekannte Stellungen zu bringen.
Ich lasse den Hund *Platz* machen, stelle mich neben ihn, halte etwas Futter in der Hand. Nach dem Kommando »Kriech!« besteht die Kunst darin, die Hand auf der richtigen Höhe nach vorne zu ziehen. Die Hand darf nicht zu hoch gehalten werden, damit der Hund nicht vorne aufsteht und nicht zu tief, dass er den Kopf senkt und damit die Hinterhand hochgeht. Sobald er der Hand so weit folgt, dass er die hinteren Läufe einmal nachzieht, sage ich »Platz!«, lobe ihn für das *Platz* und lege das Futter auf den Boden. Hat der Hund gefressen, ziehe ich ihn eine weitere »Kriecheinheit« nach vorne, lobe und bestätige das *Platz*. So lernt er, sich von Platzstellung zu Platzstellung kriechend fortzubewegen.
Die Grundlagen dazu sind schon auf den vorangegangenen Ebenen gelegt worden. Auf der ersten Ebene hat der Hundeführer gelernt, seinen Vierbeiner mit Futter zu motivieren. Deshalb wird es ein Leichtes sein, den Hund von Platzstellung zu Platzstellung dem Futter folgen zu lassen. Auf der vierten Ebene, als alle nötigen Voraussetzungen schon Schritt für Schritt erarbeitet waren, konnte der Hund das *Platz* lernen. Er war dabei nie überfordert worden, die Stellung konnte also konfliktfrei erlernt werden. Jetzt greife ich auf alle diese Grundlagen zurück und bringe dem Hund das *Kriechen* bei.
Gemäß Prüfungsordnung darf das Kommando »Kriech!« mehrmals gegeben werden. Also strebe ich als Zwischenziel für die *SanHI*-Prüfung an, die verlangten 10 Meter schrittweise zu absolvieren. Nach jedem Schritt halte ich an, der Hund macht *Platz*, ich gebe wieder das Kommando für die nächste »Kriecheinheit«. Dieses Ziel gilt es bis zur ersten Prüfung zu erreichen, der Abbau der beschriebenen vollen Hilfen kann zum Erreichen der Prüfungsreife jetzt in Angriff genommen werden.
Als Erstes versuche ich, das Ziehen mit der Hand abzubauen. Ich versuche den Hund mit der Körperbewegung zum *Kriechen* zu veranlas-

Es wird so weit nach rechts bewegt, bis die Hinterhand nachgezogen ist. Sofort ertönt das Kommando »Platz!«.

Erst jetzt erhält der Hund Futter, die Platzstellung wird bestätigt.

Zieht der Hund die Hinterläufe nach, gibt der Hundeführer das Kommando »Platz!«.

Sofort wird die Platzstellung bestätigt.

Das Gewicht auf dem linken Bein, kniet der Hundeführer neben dem Hund und hält ihm Futter vor die Schnauze.

Das Gewicht und damit den Körper langsam nach rechts verlagernd, zieht der Hundeführer den Hund nach vorne. Wie hoch dabei die Hand gehalten werden muss ist auszuprobieren.

Jetzt wird der Hund nur mit der Körperbewegung geführt. Die rechte Hand ist hinter dem Rücken. Das rechte Bein ist weit vor dem Hund und blockt den Weg zur rechten Hand ab.

Der Hundeführer verlagert das Gewicht nach rechts, der Hund folgt.

Sofort wird das *Platz* bestätigt.

Zieht der Hund die Hinterbeine nach, erfolgt das Kommando »Platz!«.

sen. Setzt man das auf der dritten Ebene erlernte Repertoire der verbalen Bestätigung ein, geht der erste Abbauschritt meistens erstaunlich gut voran. Die Bedingung dafür ist, dass das Ziehen von *Platz* zu *Platz* von Anfang an mit einer Körperbewegung kombiniert war. Die Hand, die sich vom Hund weg bewegte, und die Körperbewegung müssen vom Hund als Einheit wahrgenommen worden sein. So wird er auch folgen, wenn nur der Körper sich bewegt. Unterstütze ich den Hund noch zusätzlich verbal, stellt sich der Erfolg schnell ein.

Nach vielen Übungseinheiten versuche ich den Hund stehend zu führen. Auf das Kommando »Kriech!« bewege ich das linke Bein nach vorne. Damit sperre ich ihm den Weg ab. So kann er nicht vor mich hin kriechen, und er hat gleichzeitig eine Orientierungshilfe. Ich muss

Nach dem Kommando »Kriech!«, bewegt der Hundeführer das linke Bein langsam nach vorne, der Hund folgt. Hier ist wieder die Trainingsgruppe gefordert zu beobachten, wie lang der Schritt sein muss. Das ist von Hund zu Hund extrem verschieden.

Im nächsten Aufbauschritt lenkt der Hundeführer den Bewegungsablauf mit dem Bein. Der liegende Hund nimmt Blickkontakt zum Hundeführer auf.

lernen, wie lange mein Schritt pro »Kriecheinheit« sein soll. Der Hund lernt, sich neben dem abgestellten linken Bein hinzulegen und damit das immer wieder bestätigte *Platz* einzunehmen.

Gelegentlich wird es möglich, dass ich das Kommando »Platz!« weglasse. Stelle ich das linke Bein ab, ist es das Zeichen zum Hinlegen. Das linke Bein übernimmt die Führung: Der Schritt vom verbalen Kommando zur Körperführung ist gemacht. Und immer noch bestätige ich jedes *Platz*. Worauf ich jetzt bestehe, ist, dass mich der Hund, nachdem er gefressen hat, anschaut. Damit erhalte ich seine Aufmerksamkeit. Er kann meine Körperbewegung voll wahrnehmen, und bei erhobenem Kopf bleibt die Hinterhand besser am Boden.

Als Hundeführer sollten wir bestrebt sein, die Prüfungsreife mit viel

Geduld zu erreichen. So kann man sich einem kontinuierlichen Aufbau widmen und muss nicht unnötig Zeit und Geduld aufbringen, Konflikte zu bewältigen, die man selbst produziert hat.
Im Gegensatz zum *Folgen frei* suche ich im *Kriechen* bewusst den Augenkontakt zum Hund und nehme dabei eine leichte Oberkörperdrehung in Kauf. Damit braucht sich der Hund nicht nur am linken Bein zu orientieren. Kriecht er vor, kann ich ihn leicht mit einer kleinen Oberkörper- und Kopfdrehung nach links zurückhalten. Vor allem, wenn ich nach langer Zeit versuche, einige Schritte zusammenzuhängen, wird mir dies eine zusätzlich Hilfe sein. Aber ich werde mich hüten, schnell den schrittweisen Aufbau zu verlassen. Auch das *Platz* werde ich lange Zeit immer wieder bestätigen. Der Hund soll lernen, dass das Kriechen eine kleine Bewegung zwischen zwei Platzstellungen ist. Damit kommt Ruhe in die ganze Übung, die Gefahr, dass etwas schief geht, ist minimiert. Erst viel später – ich meine wirklich, eine ganze Weile später – versuche ich, einige Schritte zusammenzuhängen. Hat man sich für die Aufbauphase Zeit genommen, wird dieser Übergang zum kleinsten Problem.

Zusammenfassung
Wiederum mit den auf den vorangegangenen Ebenen erlernten Elementen bringt der Hundeführer seinen Hund dazu, sich von Platzstellung zu Platzstellung kriechend fortzubewegen. Das linke Bein und die Oberkörperhaltung dienen dem Hundeführer zur Körperführung und damit dem Hund als Orientierung.

Das Lautgeben

Lautgeben

»In Sitzstellung vor dem Hundeführer hat der Hund auf Kommando sofort wenigstens drei Mal kräftig Laut zu geben.« (Auszug aus der Prüfungsordnung der SKG)

Viele Hunde schenken uns das *Lautgeben*, sie bellen einfach. Andere sind kaum dazu zu bringen. Sei es, dass das Bellen nicht rassespezifisch ist, oder weil der Hund wegen eines Konfliktes und zu viel innerer Spannung verstummt.
Was sollte der Hund können, bevor wir mit dieser Übung beginnen? Auf jeden Fall das konfliktfreie *Vorsitzen*. Auch sollte er mit Futter oder Spielzeug zu motivieren sein. Also ist das *Lautgeben* keine Anfängerübung. Je nachdem, für welche Klasse im Hundesport man sich entschieden hat, soll man früher oder später mit diesem Übungsteil beginnen, aber sicher nicht, bevor man die dritte Trainingsebene erfolgreich bewältigt hat.
Bei allen Übungen, die bisher behandelt wurden, konnte ich dem Hund durch geschicktes Führen vermitteln, was ich von ihm verlangte. Das entsprechende Kommando konnte ich nebenbei einfließen lassen. Durch sein Streben nach dem Futter oder mit Körperbewegungen habe ich den Hund zum Ziel geführt und erst dann die Hilfen abgebaut. Beim *Lautgeben* geht das nicht! Das Kommando soll schließlich das Bellen auslösen.
Für den Aufbau mache ich mir die Tatsache zunutze, dass Hunde ältere Hunde gerne nachahmen. Also binde ich meinen Hund in der Nähe eines anderen Hundes an. Selbstverständlich sollten sich die beiden Hunde gut verstehen und mein Hilfshund das *Lautgeben* beherrschen. Ich stelle mich in kurzer Entfernung vor die Hunde und gebe das Kommando. Fängt der Hilfshund an zu bellen, lobe ich diesen und bestätige ihn mit Futter. Ich mache weiter, bis mein Hund das erste »Wuff« macht. Das ist der Moment, wo ich ihn mit Lob förmlich überschütte. Die ganze Atmosphäre soll sehr locker sein. Die angebundenen Hunde

Ein ausgebildeter und ein auszubildender Hund sind angebunden. Auf Kommando bellt der alte Profi ausgiebig.

Der Hundeführer freut sich und ...

... füttert den bellenden Hund.

Nach mehreren Versuchen wird der junge Hund auch zu bellen anfangen, der Nachahmungstrieb funktioniert.

Der Hundeführer freut sich riesig und ...

... füttert den Anfänger ausgiebig.

Kann der auszubildende Hund schon allein auf Kommando bellen, soll der Hundeführer ihn auf Distanz dazu auffordern. Der Abstand zum Hund wird langsam verkürzt bis der Hundeführer vor dem Hund steht. Achtung! Weicht der Hund bei der Annährung aus, muss die Distanz sofort wieder vergrößert, der Augenkontakt abgebrochen und der Kopf etwas seitlich gehalten werden. Das wirkt nicht so bedrohlich und der Hund fühlt sich freier.

können sitzen, stehen, liegen oder an der Leine zerren. Es geht nur darum, dass sie auf Kommando bellen.
Klappt das Auslösen des Bellens zuverlässig, trete ich näher zu meinem Hund. Vorsichtig versuche ich ihn ins *Sitzen* zu bringen und dann bellen zu lassen. Dann nähere ich mich dem Hund wieder um ein Stück, bis ich ihn in der Stellung des *Vorsitzens* habe. Jetzt heißt es, den Hund gut zu beobachten: Es gibt Hunde, die bellen intensiv, wenn man Druck auf sie ausübt, bei anderen muss ich mich etwas zurücknehmen. Dies gilt es nun auszuprobieren. Ich kann im Vorhinein nicht wissen, ob ich bei meinem Hund mehr Erfolg habe, wenn ich ihm in die Augen schaue und mich minimal vorbeuge, oder ob es besser ist, keinen Augenkontakt aufzunehmen und den Oberkörper zurückzulehnen. Schon minimale Unterschiede in der Körperhaltung können über Erfolg und Misserfolg entscheiden. Es braucht z.B. nur etwas zu viel Vorlage und schon kommt kein Ton mehr, weil der Druck auf den Hund zu groß geworden ist.

Zusammenfassung
Das *Lautgeben* ist die einzige Disziplin, die ich dem Hund nicht durch geschicktes Manövrieren beibringen kann. Also nutze ich den Nachahmungstrieb des Hundes aus. Ich lasse einen anderen Hund auf Kommando bellen, und lobe und bestätige ihn dafür. Irgendwann wird auch mein Hund bellen und merken, dass er dafür mit überschwänglichem Lob und viel Futter belohnt wird. Kennt der Hund das Kommando, nähere ich mich ihm langsam und probiere aus, ob etwas Druck (durch Augenkontakt und/oder vorgebeugte Körperhaltung) meinen Hund zum Bellen oder eher zum Verstummen bringt.

Sitz aus der Bewegung

Sitz aus der Bewegung

»Der unangeleinte Hund muss am linken Fuß parallel zum Hundeführer und in Frontstellung sich je einmal legen und setzen. Anschließend gehen Hund und Hundeführer 5 m geradeaus, wo der Hund auf ein Hörzeichen des Hundeführers sich sofort setzen und ruhig sitzen bleiben muss. Der Hundeführer geht, ohne sich umzudrehen, noch 20 m weiter, bleibt stehen und dreht sich mit einer Kehrtwendung zu seinem Hund um. Auf ein Hörzeichen des Hundeführers hat sich der Hund sofort je einmal korrekt zu legen und zu setzen. Beim Liegen hat der Hund die Pfoten nach vorne ausgestreckt (Sphinxstellung). Beim Sitzen hat der Hund die Vorderbeine senkrecht zu stellen und darf nicht kippen. Auf Abruf muss der Hund sofort und auf kürzestem Weg in rascher Gangart an die linke Seite des Hundeführers in Sitzstellung gehen.« (Auszug aus der Prüfungsordnung der SKG)

Dieser Teil der Prüfungsordnung ist nichts für Anfänger. Bevor man das *Sitz aus der Bewegung* einübt, muss das *Folgen frei* perfekt und konfliktfrei sitzen. Hund und Hundeführer müssen ein gutes Gefühl für die gemeinsame Bewegung entwickelt haben, und der Hundeführer sollte das nötige Fingerspitzengefühl für den Hilfeabbau zeigen. Bevor ich nicht in Klasse III nach der Prüfungsordnung der *SKG* arbeite, übe ich das *Sitz aus der Bewegung* nicht. In Klasse II soll das *Steh aus dem Normalschritt* gezeigt werden. Erst wenn diese Klasse abgeschlossen ist, beginne ich mit dem *Sitz aus dem Normalschritt* und parallel mit dem *Steh aus dem Laufschritt.*

Für den Hund ist es sehr hilfreich, wenn er das *Sitz aus der Bewegung,* wie die Wendungen, voraussehen kann, wenn er also rechtzeitig weiß, was kommt und durch das Kommando nicht überrascht wird. Aus diesem Grund schließe ich die Übung anfangs immer an das in der Prüfungsordnung der *SKG* vorangehende *Setzen, Legen* an. Dieser Ablauf lässt den Hund voraussehen, was folgen wird. Schlussendlich soll die Übung so aussehen, dass sich der Hund aus dem *Folgen frei* auf das Kommando »Sitz!« hin sofort und schnell setzt. Dies wird allerdings nur gelingen, wenn er genug Spannung aufgebaut hat und damit rechnet, für das gelungene *Sitzen* bestätigt zu werden.

Für das *Sitz aus der Bewegung* marschiere ich wie für das *Folgen frei* an. Der Bewegungsablauf soll harmonisch sein. Ich warte, bis der Hund sich im gleichen Takt neben mir bewegt. Stimmt das *Folgen frei*, folgt das Kommando »Sitz!« in dem Moment, in dem ich mit dem linken Bein nach vorne gehe und, entsprechend dem normalen Bewegungsablauf, mein linker Arm beginnt, sich nach hinten zu bewegen. Das Kommando erfolgt aus dem normalen Bewegungsablauf des *Folgen frei* heraus. Erst jetzt nutze ich die Körperbewegung aus, bringe den Hund mit der linken Hand in die Sitzstellung und drehe mich blitzartig auf dem linken Bein vor den Hund. Ehe sich der Hund versieht, befindet er sich in der wohl vertrauten Vorsitzstellung. Sofort beginne ich den Hund zu loben und zu füttern.

Richtig ausgeführt, hat der Hund keine Zeit, verwirrt zu reagieren. Er folgt mir im *Folgen frei*, dann ertönt plötzlich so ein komisches Wort, verbunden mit einer völlig unerwarteten Bewegung. Der Rest ist ihm wieder bekannt, und die Fütterung im *Vorsitzen* war schließlich schon immer super.

Nach dem Füttern im *Vorsitzen* stelle ich mich neben den Hund und beende die Übung mit Spielen. Dabei bewege ich mich – wie zu Beginn des Buches erläutert – wie immer nach rückwärts. Kennt der Hund den Ablauf zuverlässig, beginne ich mich nach einigen Futterbrocken um einige Schritt wegzubewegen, kehre um, stelle mich neben den Hund und das Spiel schließt sich an. Damit lernt der Hund die Spannung zu halten, auch wenn ich mich wegbewege. Es nutzt mir wenig, wenn er später zwar schnell sitzt, er dann aber, während ich mich wegbewege, die ganze Spannung verliert und die nachfolgenden Übungsteile langsam ausführt.

Kennt der Hund nach vielen Wiederholungen den Ablauf, beginne ich mit dem Hilfeabbau. Mit Gefühl beginne ich meine Oberkörperdrehung auf ein Minimum zu reduzieren und meinen Bewegungsablauf im *Folgen frei* immer weniger zu unterbrechen. Vorerst kehre ich aber immer zum Hund zurück und beende die Übung mit spielen.

Die Übung wird immer mit einem Schritt nach hinten und einer Spielphase beendet.

Nach einer Phase des *Vorsitzens*, stellt sich der Hundeführer neben den Hund und zeigt ihm das Spielzeug.

Der Hund sitzt und wird in dieser Stellung bestätigt.

Die Übung wird immer mit Spielen nach hinten beendet.

Nach einer Phase des *Vorsitzens* stellt sich der Hundeführer neben den Hund und zeigt ihm das Spielzeug.

Der Hundeführer kommt zurück, stellt sich vor den Hund und bestätigt ihn in dieser Position.

Wenn der linke Arm zurückzuschwingen beginnt, gibt der Hundeführer das Kommando »Sitz!«, dreht den linken Fuß ein und stellt ihn ab.

Auf dem linken Fuß stehend beginnt der Hundeführer sich vor den Hund zu drehen.

Mit der Drehung blockiert er den Hund und das Sitzen wird sofort eingenommen.

Das Kommando wird immer dann gegeben, wenn der linke Arm zurückschwenkt. Unsere Körperhaltung und der immer gleiche Bewegungsablauf sind für den Hund die wichtigste Hilfe.

Nach vielen Übungsstunden kann dazu übergegangen werden, nach dem Kommando nur die Schulter einzudrehen. Der Hund wird beginnen, die Sitzposition sofort einzunehmen.

Der Hund sitzt, der Hundeführer entfernt sich.

Erst viele Übungsstunden später unterlasse ich das Zurückkehren und bleibe stattdessen vorne stehen. Nun wird der Hund seine Spannung halten, da er ja gewohnt ist, dass ich zurückkehre und mit ihm zu spielen beginne. Diese Spannung nutze ich aus und beende die Übung mit *Platz* oder *Steh (BH III)*, gehe dann erst zum Hund und spiele mit ihm.

Zusammenfassung
Außer dem *Apportieren* und dem *Voran* begegnet der Hundeführer in dieser Fortgeschrittenenübung allen Elementen, die er auf den vier Ebenen gelernt hat. Das *Sitz aus der Bewegung* wird aus der vollen Dynamik des *Folgen frei* heraus eingeübt und soll bei der Prüfung auf Kommando des Hundeführers, ohne dessen Beeinflussung, vom Hund sofort eingenommen werden. Diese Übung erfordert vom Hundeführer gutes Reaktionsvermögen, klare Bewegungsabläufe und viel Einfühlungskraft. Schon die geringsten Irritationen beim Hund werden Stellungsfehler zur Folge haben und ihn die Übung mit dem *Stehenbleiben* verwechseln lassen.

Das Steh

Stehen bleiben

»Der Hundeführer läuft mit seinem frei Fuß folgenden Hund 5 m geradeaus, lässt den Hund, während er selbst in gerader Richtung weiterläuft, ohne seine Gangart zu unterbrechen oder sich umzudrehen, stehen bleiben, dreht sich nach einer Distanz von etwa 20 m um und lässt, in dieser Entfernung stehen bleibend, den Hund sich hinlegen (Sphinxstellung). Nach einer kurzen Pause geht der Hundeführer zu seinem Hund und stellt sich an dessen rechte Seite. Der Hundeführer beendet die Arbeit, indem er den Hund in Sitzstellung nimmt.« (Auszug aus der Prüfungsordnung der SKG)

Laut Prüfungsordnung der *SKG* soll das *Steh* in der Klasse II aus dem Normalschritt heraus gezeigt werden. Innerhalb der Klasse III wird dann das *Sitz aus dem Normalschritt* und das *Steh aus dem Laufschritt* verlangt. Es dürfte niemand verwundern, dass hier eine große Verwechslungsgefahr besteht und Stellungsfehler bei Prüfungen auch häufig auftreten. Je mehr Druck in der Anfangsphase der *Steh*-Übung auf den Hund ausgeübt wird, desto konfliktgeladener wird das Training sein. Der Hund freut sich nicht mehr auf die Stellung, er bleibt nicht klar im Kopf, und schon unterlaufen ihm Fehler.

Daher halte ich mich beim Aufbau der Übung an folgendes Konzept: Erst wenn alle für die Klasse II relevanten Übungsteile der Unterordnung sitzen, beginne ich das *Steh* möglichst kurz und ohne Druck zu üben. Perfektion verlange ich zu diesem Zeitpunkt nicht. Es reicht, wenn der Hund wenigstens ungefähr weiß, was *Steh* sein könnte. Ich nehme sogar bewusst Punktabzüge in der Klasse-II-Prüfung in Kauf. Mein Ziel ist es lediglich, die Prüfung im ersten Anlauf zu bestehen.

Erst auf der Ebene der Klasse-III-Unterordnung beginne ich ernsthaft mit dem Training des *Steh aus dem Laufschritt* und des *Sitz aus dem Normalschritt*.

Vorgängig zur *Stehübung aus der Bewegung* lehre ich dem Hund die Schlussstellung. Dazu muss er zuerst einmal wissen, was überhaupt mit dem Kommando »Steh!« gemeint ist. Die Spannung in Ruhe ist die Voraussetzung dazu.

Ich stelle den Hund in die Schlussstellung, gebe das Kommando und halte ein Spielzeug vor ihn hin. Sobald er steht, lobe ich ihn. Dann wiederhole ich das Kommando, lobe ihn wieder und werfe schließlich das Spielzeug hinter den Hund. Gleichzeitig lasse ich ihn mit einem Kommando frei und das Spielzeug holen.

Sehr schnell wird der Hund lernen, auf das Kommando »Steh!« hin zu verharren und auf das Spielzeug zu warten. Darauf aufbauend kann man die Stellung durch Ziehen an einer Führerleine festigen. Dabei soll der Hund dem Zug nicht nachgeben und die Läufe am Boden lassen.

Die Stellung sollte immer mit Spiel beendet werden. Auch muss das Spielzeug immer hinter den Hund und darf nie in seine Blickrichtung geworfen werden.

Für die Prüfung der Klasse II begnüge ich mich mit diesem Ausbil-

Der Hundeführer bringt den Hund in die ihm unbekannte Position *Steh*.

Mit dem Spielzeug wird Spannung gemacht und genau beobachtet, dass der Hund in der Position verharrt.

Anfangs kann das Spielzeug hinter den Hund gelegt werden, später wird es geworfen.

Auf Kommando kann der Hund die Position verlassen und das Spielzeug holen.

dungsstand, übe vor der Prüfung allerdings noch ein paar Mal das *Steh aus dem normalen Schritt* heraus mit voller Hilfestellung.
Beim *Steh* ist es wie beim *Vorsitzen* und *Apportieren*. Zuerst übe ich die *Schlussstellung* ein. Der Abschluss soll dem Hund bekannt sein. Er soll die Stellung in Spannung einnehmen. Seine Erwartungshaltung auf Futter oder Spiel wird ihn dazu bringen, die Spannung zu halten. Erst jetzt, nach bestandener Klasse-II-Prüfung, baue ich die Schlussstellung in den Laufschritt ein.
Den Bewegungsablauf übe ich anfangs ohne Hund ein. Der Laufschritt soll deutlich ein Laufschritt, aber kein Spurt sein. Kurz bevor das rechte Bein aufsetzt, gebe ich das Kommando »Steh!«. Ich bleibe auf dem rechten Bein stehen und halte den Hund fest. Beherrsche ich den Ablauf und der Hund die Schlussstellung, versuchen wir es gemeinsam. Der Anlauf vor dem Kommando soll genügend lange sein, der Hund soll sich neben mir im Gleichgewicht bewegen.
Das Kommando und mein abruptes Stehenbleiben sowie das Festhalten des Hundes, werden diesen einen kurzen Moment lang verwirren. Sobald der Hund aber steht, lobe ich ihn. Ich hole das Spielzeug aus der Tasche und lasse ihn Spannung machen. Dann entferne ich mich einige Schritte unter ständigem Loben und werfe schließlich das Spielzeug hinter den Hund.
Es empfiehlt sich, dieses Schema, vor allem das Stehenbleiben neben dem Hund, mit allen Hilfen geduldig zu üben. Immer bleibe ich dabei deutlich neben dem Hund stehen und sichere so die Position ab. Beim Weglaufen lobe ich den Hund und drehe mich erst nach einigen Schritten um. Wir dürfen nämlich nicht vergessen, dass wir uns bei der Übung *Sitz aus der Bewegung* in diesem Moment direkt vor den Hund drehen. Die Ähnlichkeit beider Übungen in dieser Phase könnte den Hund verwirren. Also bewege ich mich vom Hund weg und gebe ihm ein deutliches Handzeichen. Erst nach einigen Schritten, wenn eine Verwechslung mit dem *Sitz aus der Bewegung* ausgeschlossen ist, drehe ich mich um und hänge das Spiel an. Es wäre doch höchst ärgerlich, wenn der Hund ein schönes *Steh* machte, wir ihn aber durch ein zu frühes Umdrehen dazu verleiteten sich vorschriftswidrig zu setzen.
Man kann den Hund dazu bringen die aufgebaute Spannung zu halten, indem man die Übung häufig wiederholt und sie dabei jedes Mal mit

einer Spielphase beendet. So festigt sich im Hund die Erwartungshaltung, dass nach der Übung gespielt wird, was seine Aufmerksamkeit fördert. So hoffe ich, dass der Hund zukünftig auf das Kommando »Steh!« die Stellung schnell einnehmen und auch halten wird. Erst viel später, wie beim *Sitz aus der Bewegung* auch, beginne ich damit, die Übung mit *Platz* abzuschließen.

Die Position wird auf alle Arten abgesichert, durch Druck auf Schultern und Kuppe, durch Zug nach vorne und oben.

Geht der linke Arm vor, kommt das Kommando »Steh!«. Bei der Übung *Sitz aus der Bewegung* kam das Kommando immer, wenn der linke Arm am Zurückschwingen war.

Der Hundeführer hält den Hund an der Brust fest, fixiert ihn in der Position …

… und bleibt neben dem Hund stehen.

Das Weggehen wird mit dem Handzeichen unterstützt …

… und weiter abgesichert.

Nach ein paar Schritten dreht sich der Hundeführer um, zeigt das Spielzeug und beendet die Übung indem er es hinter den Hund wirft.

Ich habe bis heute viele Varianten gesehen, Hunden das *Steh* beizubringen. Niemand konnte mir aber erklären, warum es Hunde gibt, die wie angewurzelt stehen bleiben, während andere noch wenige Schritte laufen. Bei jeder Methode gibt es sie, die »Nachtrippler«, aber auch diejenigen, die sofort einhängen und erstarren.

Zusammenfassung
Noch schwieriger als das *Sitz aus der Bewegung* ist das *Stehenbleiben aus dem Laufschritt* zu vermitteln. Nirgends ist der Hundeführer auf die Beobachtung der Trainingsgruppe so angewiesen, wie bei dieser Übung. Ich glaube, der häufigste Fehler liegt darin, dass die Hilfen, das Festhalten und das deutliche Handzeichen zu früh abgebaut werden. Es ist ja keine Anfängerübung; auf dieser Stufe fühlt man sich schon halbwegs als Profi und schon tappt man in die Falle. Gerade jetzt aber gilt es, dem Hund lange Zeit zu zeigen, was man von ihm verlangt, und die Hilfen erst nach und nach abzubauen.

Schlusswort

Ich habe versucht, Ihnen einen Weg in den Hundesport zu zeigen, auf dem Sie Ihren Teamkollegen, den Hund, von Anfang an und konfliktfrei an die gestellten Anforderungen heranführen können.
Die Grundausbildung habe ich in kleine Schritte unterteilt. Für jeden weiterführenden Schritt müssen zuerst die vorangehenden Elemente von Hund und Hundeführer beherrscht werden. Nur so wird Ihr Hund freudig die Ausbildung durchlaufen können.
Bitte verzichten Sie bei der Ausbildung Ihres Hundes auf Psychoterror und körperlichen Schmerz. Er wird es Ihnen danken und bis ins hohe Alter mit Begeisterung und Freude an jedem Training teilnehmen.
Ich wünsche Ihnen und Ihrem Hund viel Vergnügen in der Ausbildung, und vergessen Sie nie: Nicht der Gipfel, sondern der Weg dorthin ist das Ziel!